아모레
퍼시픽

인적성검사

PREFACE

우리나라 기업들은 1960년대 이후 현재까지 비약적인 발전을 이루었다. 이렇게 급속한 성장을 이룰 수 있었던 배경에는 우리나라 국민들의 근면성 및 도전정신이 있었다. 그러나 빠르게 변화하는 세계 경제의 환경에 적응하기 위해서는 근면성과 도전정신 이외에 또 다른 성장 요인이 필요하다.

한국기업들이 지속가능한 성장을 하기 위해서는 혁신적인 제품 및 서비스 개발, 선도 기술을 위한 R&D, 새로운 비즈니스 모델 개발, 효율적인 기업의 합병·인수, 신사업 진출 및 새로운 시장 개발 등 다양한 대안을 구축해 볼 수 있다. 하지만, 이러한 대안들 역시 훌륭한 인적자원을 바탕으로 할 때에 가능하다. 최근으로 올수록 기업체들은 자신의 기업에 적합한 인재를 선발하기 위해 기존의 학벌 위주의 채용을 탈피하고 기업 고유의 인·적성검사 제도를 도입하고 있는 추세이다.

아모레퍼시픽에서도 업무에 필요한 역량 및 책임감과 적응력 등을 구비한 인재를 선발하기 위하여 고유의 인·적성검사를 치르고 있다. 본서는 아모레퍼시픽 신입사원 채용대비를 위한 필독서로 아모레퍼시픽 인·적성검사의 출제경향을 철저히 분석하여 응시자들이 보다 쉽게 시험유형을 파악하고 효율적으로 대비할 수 있도록 구성하였다.

신념을 가지고 도전하는 사람은 반드시 그 꿈을 이룰 수 있습니다. 처음에 품은 신념과 열정이 취업 성공의 그 날까지 빛바래지 않도록 서원각이 수험생 여러분을 응원합니다.

STRUCTURE

적성검사

적중률 높은 영역별 출제예상문제를 상세하고 꼼꼼한 해설과 함께 수록하여 학습효율을 확실하게 높였습니다.

인성검사 및 면접

인성검사의 개요와 실전 인성검사로 인성검사에 대비할 수 있습니다. 또한 성공취업을 위한 면접의 기본과 면접기출을 수록하여 취업의 마무리까지 깔끔하게 책임집니다.

CONTENTS

아모레퍼시픽 소개

아모레퍼시픽의 소개 및 채용 정보를 수록하여 서류와 면접에
대비할 수 있습니다.

아모레퍼시픽 소개

기업소개 및 채용안내

CHAPTER 01

1 아모레퍼시픽

(1) 소개

동백기름을 만들어 팔던 한 여인이 뿌린 아름다운 씨앗이, '우리의 아름다움으로 세계와 소통하겠다'던 한 청년의 꿈을 만나 그 싹을 틔우고, 이제 한국을 넘어 중국, 미국을 비롯한 세계 전역에서 꽃을 피우고 있다.

1945년 창업 이래, 아모레퍼시픽은 아시아 미(美)의 정수를 세계에 전하겠다는 기업 소명인 '아시아 뷰티 크리에이터(Asian Beauty Creator)'를 실현하기 위해 정진해 왔다. 아시아의 깊은 지혜에 담겨 있는 미의 가치를 발굴하여 전 세계의 고객들에게 전달하고 인류가 가진 아름다움과 건강에 대한 꿈을 이루어 드리고자 한다.

아모레퍼시픽은 한국에서 최초의 화장품 연구실을 개설하고 아시아의 자연원료를 집중 연구하여 피부에 최적화된 기술과 제품들을 개발하였으며 한국 최초로 화장품을 수출하는 등 한국의 화장품 산업을 이끌어 왔다. 1990년대부터는 글로벌 브랜드 전략을 펼치며 본격적으로 세계 고객들과 만나기 시작했다. 중국, 프랑스에도 생산 연구 기지를 마련하여 현재는 중화권, 동남아시아, 일본 등 아시아 지역을 넘어 북미, 유럽 지역에서도 아모레퍼시픽의 다양한 글로벌 브랜드들을 만나볼 수 있다.

이제, 아모레퍼시픽은 세상을 바꾸는 아름다움을 창조하는 '원대한 기업(Great Global Brand Company)'으로의 도약을 준비한다. '원대한(Great)' 성장을 위해 모든 측면에서의 최고를 지향함은 물론, 환경에 대한 영향을 최소화하고 사람 중심의 경영을 통해 사회적인 책임을 다하는 기업이 되기 위한 최선의 노력을 다할 것이다. 이를 기반으로 '글로벌 브랜드 컴퍼니'가 되기 위해 전 세계 고객들의 기호에 맞는 다양한 브랜드와 혁신적인 제품을 꾸준히 개발하여 최고의 경험을 선사해 드리고자 한다.

(2) AP WAY

① 우리의 소명(Our Vocation) … 우리는 아름다움으로 세상을 변화시킵니다. 세상은 우리를 Asian Beauty Creator로 기억할 것입니다.
  ㉠ 인류봉사 : 아름답고 건강하게 살고자 하는 인류의 영원한 꿈을 실현합니다.
  ㉡ 인간존중 : 서로의 다양성을 존중하고 일을 통해 성장할 수 있도록 돕습니다.
  ㉢ 미래창조 : 내면과 외면이 조화를 이루는 아름다움으로 미의 영역을 혁신합니다.

② 우리의 가치(Our Values) … 우리가 반드시 품고 있어야 하는 특성이자 덕목이다.
  ㉠ 개방(Openness)
    • 나만이 옳은 것이 아니라, '남도 나와 같이 옳다'는 생각
    • 진리는 외부와의 소통에, 특히 고객과의 대화에 있다는 믿음
    • 나는 '명령하고 가르치는 존재'가 아니라, '듣고 귀 기울이는 존재'
    • 내 주위의 환경이 변한다면, 나도 같이 변해야 한다는 자세
  ㉡ 정직(Integrity)
    • 어떤 일이든, '나의 일, 내 가족의 일'처럼 진정으로 함
    • 나의 행동의 결과물이 '신뢰'로 돌아오는 것
    • 한 사회, 한 공동체의 구성원으로서 지킬 것은 지키는 예의
  ㉢ 혁신(Innovation)
    • 나를 열어, 나를 바꾸는 것
    • 변화하지 않으면, 도태되고 낙오된다는 진리
    • 언제나 새로운 것을 세상에 내놓고자 하는 열정
  ㉣ 친밀(Proximity)
    • 고객과 물리적, 심리적으로 언제나 '가까운 자리'에 있음
    • 남의 일을 마치 나의 일인 것처럼 대하는 마음
    • '평등한 관계에서 서로 사이가 좋은 것'을 추구
  ㉤ 도전(Challenge)
    • 현재에 안주하지 않으려는 마음
    • 낯선 것이 주는 두려움을 즐기는 마음
    • 다른 이의 도전과 경쟁에서 이기려는 열정

(3) 인재상

① **공감** ··· 아름다워지고자 하는 고객의 마음을 함께 절실히 느끼며 성장하고자 하는 동료의 마음을 지시하며 더 나은 사람이 되고자 하는 스스로의 의지를 굳건히 합니다.

② **몰입** ··· 공감이 있기에 자신의 일을 사랑하게 되며 또한 깊게 집중하게 되므로 일 자체로 기쁨을 느낍니다.

③ **전문성** ··· 고객의 바람과 요구를 구체적으로 이해하고 이를 충족시키기 위한 방법들을 찾고 만들어가는데 최고가 됩니다.

④ **창의** ··· 어느 날 불현듯 찾아오는 순간의 영감이 아닙니다. 이미 아는 것에 새로운 것을 더하고 생각과 질문을 반복하여 깊어지는 가운데 창의의 기운은 솟아오르게 됩니다.

(4) 직무소개

① **마케팅** ··· 제품에 생명을 불어넣는 창조자와 같은 역할을 담당한다. 창의적인 사고와 시장을 선도하는 통찰력을 보여줘야 하는 직무이다.

  ㉠ 브랜드마케팅
  - 브랜드 마케팅은 브랜드 관리 직무로 브랜드 전략 수립, 신제품 개발, 해외 수출 관리 및 지원 업무를 하게 된다. 즉, 담당 브랜드의 Identity를 규정하여 제품 기획부터 상품개발에 이르는 일련의 과정을 수행하게 된다.
  - 브랜드 마케터는 담당 브랜드의 manager역할을 수행하게 되어 신제품 개발을 위한 기획력, 창의력과 시장을 바라보는 통찰력을 필요로 한다. 또한 많은 유관 부서와 업무를 수행하기 때문에 커뮤니케이션 역량이 중요한 포지션이다.

  ㉡ 마케팅전략 · 지원
  - 커뮤니케이션 전략수립 및 운영과 고객관련 전략수립 지원 업무 등 마케팅 활동을 위한 전략수립 및 지원 역할을 수행한다.
  - 마케팅 전략 · 지원 업무는 고객의 요구가 무엇인지를 분석하고 시장 및 트렌드를 이해하여 상황과 자료에 대한 분석적 사고를 기반으로 문제를 해결하는 역할을 수행하게 된다. 즉 마케팅 전략 · 지원 업무를 수행하기 위해서는 기획력, 시장이해, 분석적 사고 등의 역량이 요구 된다.

  ㉢ 디자인
  - 아모레퍼시픽의 Brand & Design Lab에서는 브랜드별 디자인 전략 로드맵 수립 및 전반적인 디자인 개발 지원 업무를 수행하며, 주로 제품, 인테리어, VMD, 그래픽 디자인 등의 관련 업무를 담당하게 된다.
  - 디자인 업무를 수행하기 위해서는 창의력, 시장 및 트렌드에 대한 이해를 바탕으로 디자인에 대한 전반적인 역량과 이에 필요한 디자인툴 사용 능력, 디자인 감각이 필수적으로 요구된다.

② R&D … 최고의 기술력을 바탕으로 최상의 품질을 만들어 내는 아모레퍼시픽의 상아탑이다.

　㉠ 연구전략 · 지원

　　• R&D 전략 및 리서치 업무와 제품 인허가, 규제 관련 사항 모니터링 및 관리 업무 등 연구 지원을 위한 일련의 업무를 수행한다.

　　• 연구전략 · 지원 업무는 R&D와 연관된 규정관련 지식에 대한 이해가 중요하며 연구소에서 수행하는 기획, 관리 업무에 필요한 정보수집 분석 역량이 요구된다.

　㉡ 연구

　　• 연구직은 제품 연구 및 개발 활동 수행 업무를 담당하게 된다. 스킨케어, 메이크업, 헤어케어 등 화장품 개발 및 피부과학, 뷰티푸드, 메디컬 등의 분야에서 소재개발을 위한 기초 · 응용 연구를 수행하게 된다.

　　• 연구개발 분야는 각 연구분야와 관련된 전문지식을 요구하며, 분석적 사고, 시장에 대한 이해를 바탕으로 연구를 진행하게 된다. 또한 연구개발에 있어 다양한 프로젝트가 진행되기 때문에 이에 대한 관리 역량도 요구된다.

③ SCM … 최적의 SCM(Supply Chain Management)를 위한 역할을 수행한다. SCM 직무는 원재료의 수급에서부터 제품이 출시되어 고객에게 이르기까지 고객만족의 출발점으로 볼 수 있다.

　㉠ SCM 전략 · 지원

　　• SCM 전략 기획 및 효율화 점검과 제품 생산 과정 관리 · 지원 등 SCM 조직의 전반적인 전략, 지원 업무를 수행하게 된다.

　　• SCM지원 · 전략 업무는 기본적인 사업에 대한 이해와 규정관련 지식 및 법규 지식이 필요하다. 또한 다양한 유관부서가 존재하여 커뮤니케이션 역량과 교섭력 및 관리 역량이 요구된다.

　㉡ 생산

　　• 제조기술 혁신 및 공정 개선 및 신제품 공정 표준화, 생산 계획 및 원가 분석 등의 생산 분야 업무를 수행하게 된다.

　　• 생산 직무의 경우 업무와 관련된 전문기술지식이 요구되며, 공정 · 설비 지식, 추진력 등의 역량이 요구된다. 생산과 관련된 관리, 지원 업무에는 문제해결 역량, 의사소통, 협상력 등의 역량도 요구된다.

　㉢ 개발 · 구매

　　• 구매 직무는 양질의 품질을 보장하는 원재료 구매 및 원가, 납품관리와 매입상품 적기 조달 및 가격사정을 위한 포장재 구매, 협력사 선정, 발주 계약 등의 일련의 업무를 수행하게 된다.

　　• 구매 업무를 수행하기 위해서는 원활한 원재료의 공급을 위한 협상 · 교섭력, 예측력, 정보 수집 및 분석력 등이 요구된다. 또한 기본적인 기획력, 의사소통 역량을 통해 업무 수행을 하게 된다.

ⓡ 물류
- 물류 직무는 영업 및 고객 요청사항에 발 빠른 대응을 위한 물류센터 운영 및 혁신활동 관리를 수행하게 된다. 물류 협력 업체 관리를 통해 원활한 운송 활동을 지원하여 고객만족을 위한 최선의 노력을 다하게 된다.
- 물류 센터의 운영 및 혁신활동 관리를 위해서는 분석적 사고, 유연·직응력 등을 바탕으로 원활한 운송 활동을 위한 각 유관부서 및 협력업체 등과의 협상·교섭력을 필요로 한다.
ⓜ 품질
- 고객에게 손실이 없도록 품질을 관리하고 품질 향상 활동을 지원하는 업무이다. 주로 포장재 품질관리, 클레임 분석·개선, 원료·내용물 품질보증, 클레임 분석·개선 등의 업무를 수행하게 된다.
- 품질 업무는 주로 공정·설비 지식과 화장품·포장재에 대한 지식이 요구되며, 관련 법규에 대한 지식도 중요하다. 또한 품질지향 및 개선에 심혈을 기울이게 되며, 이를 통해 품질 향상을 위한 노력을 하게 된다.

④ 영업 ··· 고객과의 최접점에서 최고의 실적을 이루어 내기 위한 전사와 같은 역할을 담당한다. 현장에 대한 이해를 바탕으로 회사를 대표하는 역할을 수행하게 된다.
ⓐ 영업전략
- 영업전략 업무는 브랜드별 영업 전략 수립과 상품 운영 및 프로모션 기획·관리 업무를 기본으로 하여 아모레퍼시픽 제품이 효과적으로 시장에서 판매될 수 있는 일련의 영업전략 업무를 수행하게 된다.
- 영업전략 업무는 기본적인 비즈니스 마인드를 바탕으로 사업에 대한 이해와 기획력을 요구한다. 또한 각 영업채널의 매출목표를 달성하여 경쟁력 있는 전략을 수립, 지원하기 위한 분석력, 커뮤니케이션 역량 등이 요구된다.
ⓑ 영업관리
- 영업관리 업무는 브랜드별 매장 실적 관리와 상품 및 판매사원·카운슬러 관리 업무 등을 수행하게 된다. 매출 및 영업목표 달성을 위하여 할당된 거래처에 대한 효율적 영업활동을 수행하고 시장정보, 고객분석을 통한 영업계획을 수립하여 판매촉진을 위한 전략을 수립하고 실행·지원한다.
- 영업관리 직무는 현장에 대한 이해를 바탕으로 각 영업 채널에 대한 이해 및 매출, 실적, 고객 등에 대한 이해를 필요로 한다. 즉, 시장에 대한 이해를 바탕으로 커뮤니케이션 역량, 분석력, 실행력 등의 역량을 요구하게 된다.
ⓒ 영업
- 아모레퍼시픽의 엔젤은 아모레퍼시픽의 프리미엄 브랜드의 가치를 알리며, 전문적 카운셀링과 서비스 제공을 통해 고객의 니즈에 맞는 상품을 판매하는 직무이다. 언제나 진심어린 서비스로 고객감동을 실천, 고객관리에 노력한다.
- 영업 직무는 현장에서 고객과 소통하는 업무로, 기본적으로 커뮤니케이션 역량을 요구한다. 또한 시장 및 트렌드에 대한 이해와 고객감동을 위한 서비스 마인드를 필요로 한다.

ⓔ 영업지원

- 영업지원 업무는 영업업무 수행을 위한 일련의 지원 업무를 말한다. 일반적으로 브랜드별 영업 기획 및 운영, 점포개설, 영업 교육 등의 지원업무를 수행한다.
- 영업지원 업무는 정보수집 및 분석력, 의사소통 능력, 제품지식 등의 역량을 요구한다. 또한 영업교육업무를 담당할 경우 기본적인 제품지식뿐만 아니라 교육프로그램 기획을 위한 기획력, 그리고 교육적 역량도 요구된다.

⑤ 지원 ⋯ 우리 몸의 핏줄과 같이 회사가 원활히 운영될 수 있도록 다양한 분야에서 Support 역할을 수행한다. 각자의 전문 분야에서 사업지원을 하며, 방향성을 제시하는 나침반과 같은 역할도 하게 된다.

ⓐ 일반지원

- 회사에 필요한 일반지원 업무를 수행하게 되며, 직원 복지제도의 기획 및 운영을 통하여 직원만족도를 높이는 업무를 수행하게 된다.
- 일반지원 직무는 관계형성, 조직에 대한 이해, 서비스 마인드 등의 역량을 필요로 한다.

ⓑ 경영지원

- 경영 분석 및 전략 수립 업무와 재경, 인사, 홍보, 법무, 정보기술 등 사업지원과 연관된 기획, 운영, 전략 업무를 수행하고 있다.
- 경영 지원의 경우 각 직무별 전문성을 보유하고 있어야 하며, 규정관련 지식, 법규, 조직에 대한 이해를 요구한다. 또한 유관부서와의 관계형성 및 커뮤니케이션 역량을 필요로 하며 문제 해결력이 요구된다.

2 채용프로세스

(1) 서류모집		(2) 서류전형		(3) 인적성검사
채용 홈페이지를 통한 지원서 접수	⇨	지원자격 및 자기소개서 기반의 심층평가 진행	⇨	직무 수행 상 요구되는 기본 소양 검증 • 신입 : 인적성 검사 • 경력 : 인성검사 * 모집 직무 및 유형에 따라서 시험의 유무 공지

(4) 1차면접(역량면접)		(5) 2차면접(임원면접)		(6) 최종합격
• 문제 해결 역량 검증 　(PT, 토론, 등 역량 검증) • 자기 소개서 기반의 　구조화 면접	⇨	AP가치, 문화 적합도 및 인성 검증	⇨	신체검사 진행 후 최종 입사

02 관련기사

-아모레퍼시픽, 창립 73주년 기념식 개최-

㈜아모레퍼시픽은 9월 5일 저녁 용산 아모레퍼시픽 본사 2층 '아모레 홀'에서 국내외 임직원, 아모레 카운셀러, 협력업체 관계자 등 430여 명이 참석한 가운데 창립 73주년 기념식을 개최했다.

이날 행사에서 서경배 회장은 창립 기념사를 통해 "아모레퍼시픽 본사가 위치한 용산은 한반도를 넘어 새롭게 열리는 유라시아 시대의 구심점이 될 것"이라며, "지금까지 걸어온 길보다 더 먼 길을 바라보며 세 번째 용산 시대를 힘차게 개척하자"고 말했다.

이와 더불어 서 회장은 30개국 글로벌 시장 개척 및 혁신 상품의 개발, 고객 경험의 혁신, 디지털 활용에 매진할 것을 당부했다. 그리고 이를 위해서는 개방, 정직, 혁신, 친밀, 도전이라는 다섯 가지 '우리의 가치'를 기반으로 한 '고몰입 조직'을 구축해야 한다고 강조했다. 또 구성원 모두의 성장을 추구하는 '재미있고 의미있는 일터로서의 더 좋은 회사'를 만들자고 제안했다.

한편, 1945년 9월 5일 창립한 ㈜아모레퍼시픽은 아시아 미(美)의 정수를 세계에 전파하겠다는 기업 소명, 아시안 뷰티 크리에이터(Asian Beauty Creator)의 실현을 위해 정진해왔다. 국내 최초 화장품 연구소 설립, 국내 최초의 화장품 해외 수출, 국내 최초 한방 화장품 출시 등을 통해 지난 73년간 국내를 넘어 아시아를 대표하는 뷰티 기업으로 성장해왔다. 1990년대 초부터 글로벌 브랜드 전략을 추구하며 2000년대 이후 글로벌 시장 확장 및 성장을 본격화하고 있다. 책임 있는 기업 시민으로서 소임을 다하기 위해 다양한 사회공헌활동 또한 지속해서 확장해왔다. 용산 신본사 건축을 완료하며 세 번째 용산 시대를 연 아모레퍼시픽은 '아시안 뷰티 크리에이터'로서의 원대한 여정을 이어나가기 위해 최선을 다할 계획이다.

− 2018. 9. 6

-아모레퍼시픽, 올해 2분기 전년 동기 대비 30.6% 성장-

아모레퍼시픽그룹이 올해 2분기에 1,703억 원의 영업이익을 거둬 전년 동기 대비 30.6% 성장했다고 26일 실적 공시를 통해 밝혔다. 2분기 매출은 1조 5,537억 원을 기록해 지난해 같은 기간보다 10.0% 성장했다. 주력 계열사인 아모레퍼시픽이 44%, 이니스프리가 21% 증가한 영업이익을 달성하며 실적 개선의 흐름을 주도했다.

급격한 국제 환경 변화 속에서도 브랜드 경쟁력 강화 및 신시장 개척을 꾸준히 추진한 결과, 해외 사업의 수익성이 향상되었다. 아시아 사업은 럭셔리 브랜드 중심의 매장 확대 및 현지 고객 전용 상품 출시로 두 자릿수의 견고한 성장세를 유지했고, 북미 시장 또한 이니스프리 및 라네즈를 중심으로 고객 저변 확대에 성공하며 선전했다.

국내에서는 설화수를 중심으로 한 럭셔리 브랜드의 스킨케어 제품들이 판매 호조를 나타냈고, 밀레니얼 고객 대상의 마케팅을 강화한 디지털 채널의 성장세도 이어졌다. 제품 포트폴리오 다변화 및 브랜드 체험 공간 확대 등 차별화된 고객 가치 실현을 위한 연구 개발 및 마케팅 활동에도 역량을 집중했다.

특히 올해 하반기에는 아모레퍼시픽의 대표 뷰티 편집샵인 아리따움이 대대적인 리뉴얼을 추진할 계획이다. 하반기 중 오픈 예정인 '아리따움 강남 메가샵(가칭)'을 시작으로 기존의 로드샵이나 H&B스토어와는 차별화된 뷰티 전문 멀티 브랜드샵 플랫폼으로 전환한다.

지난해부터 가속화하고 있는 해외 신시장 개척도 꾸준히 추진한다. 특히 올해 하반기에는 라네즈가 처음으로 인도 시장에 진출해 현지 고객들과 만날 예정이고, 미쟝센과 려는 각각 중국과 홍콩 시장에 처음 진출해 아시아 사업에 힘을 보탤 예정이다.

이와 함께 아모레퍼시픽그룹은 미래 성장 동력 확보를 위해 사내외 뷰티 스타트업 육성에도 힘을 쏟을 계획이다. 우선 2016년부터 시작된 사내 벤처 프로그램 '린스타트업'을 통해서는 기존에 없던 창의적인 브랜드 개발을 지원한다. 지난 2년간 선정된 '아웃런', '가온도담', '브로앤팁스', '스테디'의 4개 브랜드가 현재 활발히 사업을 추진하고 있으며, 올해 하반기에도 추가 브랜드가 출범할 예정이다.

— 2018. 7. 26

-아모레퍼시픽, 본사 준공 기념식 개최-

아모레퍼시픽그룹은 15일 오전 서울시 용산구 한강대로 100에 위치한 본사에서 건물 준공을 기념한 내부 행사를 개최한다. 오랜 기간 본사 중건을 위해 노고와 열정을 아끼지 않은 아모레퍼시픽그룹 임직원과 사외 관계자 모두에게 고마움을 전하기 위해 준비된 이번 행사에 관계자 400여 명을 초청했다.

1층 정문에서 테이프 커팅식 이후, 2층 대강당에서 이어진 본 행사에서 아모레퍼시픽그룹은 설계를 맡은 데이비드 치퍼필드 건축사무소(David Chipperfield Architects), 시공사 현대건설, 감리사 건원엔지니어링 등 대표 3인에게 감사패를 수여했다.

서경배 아모레퍼시픽그룹 회장은 기념식에서 본사 중건에 애써주신 관계자 한 분 한 분에게 재차 고마운 마음을 전했다. 이어 "아모레퍼시픽 본사는 남다른 창의성과 긴밀한 팀워크로, 그 어느 곳보다 생동하는 '행복한 일터'가 되어 세상을 아름답고 건강하게 변화시키기 위한 소명의 길을 밝혀줄 곳"이라며 "이전에 볼 수 없었던 새로운 아름다움인 아시안 뷰티(Asian Beauty)로 전 세계 고객들과 소통하는 거대한 구심점이자, 세상을 더욱 아름답고 건강하게 변화시켜 나가는 '미(美)의 전당'이 될 것" 이라고 말했다.

건축가 데이비드 치퍼필드는 "원대한 꿈과 가치를 품고 있는 아모레퍼시픽 본사를 마무리할 수 있었던 것은 많은 사람들이 하나의 목표를 가지고 함께 모여 노력한 결과"라며 "서경배 아모레퍼시픽그룹 회장님과 아모레퍼시픽 임직원, 여러 협력사 덕분에 원대한 기업을 향한 회사의 비전, 그리고 사회에 대한 헌신을 담은 아모레퍼시픽의 가치를 나타내는 본사를 중건할 수 있었다"며 축하와 감사의 인사를 전했다

한편, 1945년 개성에서 창업한 아모레퍼시픽 창업자 장원 서성환 선대회장은 1956년 현재 본사 부지에 사업의 기틀을 세운 이후 1958년 3층의 본사 건물을 지어 뿌리를 내렸다. 1976년에는 10층의 신관 건물을 올리며 아모레퍼시픽그룹을 우리나라 화장품 산업을 이끄는 대표 기업으로 성장시켰다. 세 번째 용산 시대를 맞아 창업자를 기리는 의미에서 '아모레퍼시픽 장원(粧源)'으로 건물 이름에 아호를 담고 이를 기념해 정육면체의 본사와 닮은 중건기비를 오늘 공개했다.

- 2018. 6. 15

적성검사

적중률 높은 영역별 출제예상문제를 상세하고 꼼꼼한 해설과 함께 수록하여
학습효율을 확실하게 높였습니다.

적성검사

01 지각능력

CHAPTER

┃1~5┃ 다음 중 각각의 제시된 단어가 반복되는 개수를 고르시오.

오만	오일	오지	오측	오판	오해
오리	오명	오심	오인	오락	오일
오락	오색	오만	오혁	오티	오측
오일	오초	오판	오색	오초	오심
오지	오혁	오티	오해	오명	오락
오티	오심	오인	오측	오지	오판

1

오락

① 1개　　　　　　　　　　② 2개
③ 3개　　　　　　　　　　④ 없다.

　✦TIP

오만	오일	오지	오측	오판	오해
오리	오명	오심	오인	**오락**	오일
오락	오색	오만	오혁	오티	오측
오일	오초	오판	오색	오초	오심
오지	오혁	오티	오해	오명	**오락**
오티	오심	오인	오측	오지	오판

2

오탈

① 1개　　　　　　　　　　② 2개
③ 3개　　　　　　　　　　④ 없다.

　✦TIP　'오탈'은 찾을 수 없다.

3

오명

① 1개   ② 2개

③ 3개   ④ 없다.

✫ **TIP**

오만	오일	오지	오측	오판	오해
오리	**오명**	오심	오인	오락	오일
오락	오색	오만	오혁	오티	오측
오일	오초	오판	오색	오초	오심
오지	오혁	오티	오해	**오명**	오락
오티	오심	오인	오측	오지	오판

4

오지

① 1개   ② 2개

③ 3개   ④ 없다.

✫ **TIP**

오만	오일	**오지**	오측	오판	오해
오리	오명	오심	오인	오락	오일
오락	오색	오만	오혁	오티	오측
오일	오초	오판	오색	오초	오심
오지	오혁	오티	오해	오명	오락
오티	오심	오인	오측	**오지**	오판

5

오해

① 1개   ② 2개

③ 3개   ④ 없다.

✫ **TIP**

오만	오일	오지	오측	오판	**오해**
오리	오명	오심	오인	오락	오일
오락	오색	오만	오혁	오티	오측
오일	오초	오판	오색	오초	오심
오지	오혁	오티	**오해**	오명	오락
오티	오심	오인	오측	오지	오판

ANSWER 〉 1.③ 2.④ 3.② 4.③ 5.②

┃6~10┃ 다음에서 제시되지 않은 문자를 고르시오.

家伽賈渠沽球巨可居假	價暇居高九車求稼家架	可佳擧考具邱嘉古高暇	加架去告求告街叩價考	假嘉巨古口沽具擧九加	街稼車叩邱渠去賈伽佳

6
① 企   ② 具
③ 邱   ④ 價

✦ **TIP**

家伽賈渠沽球巨可居假	**價**暇居高九車求稼家架	可佳擧考**具邱**嘉古高暇	加架去告求告街叩**價**考	假嘉巨古口沽**具**擧九加	街稼車叩**邱**渠去賈伽佳

7
① 稼   ② 考
③ 叩   ④ 其

✦ **TIP**

家伽賈渠沽球巨可居假	價暇居高九車求**稼**家架	可佳擧**考**具邱嘉古高暇	加架去告求告街**叩**價**考**	假嘉巨古口沽具擧九加	街**稼**車**叩**邱渠去賈伽佳

8

① 沽　　　　　　② 求
③ 九　　　　　　④ 忌

☆TIP

家伽賈渠**沽**球巨可居假　價暇居高**九**車**求**稼家架　可佳舉考具邱嘉古高暇　加架去告**求**告街叩價考　假嘉巨古口**沽**具舉**九**加　街稼車叩邱渠去賈伽佳

9

① 舉　　　　　　② 手
③ 渠　　　　　　④ 車

☆TIP

家伽賈**渠**沽球巨可居假　價暇居高九**車**求稼家架　可佳**舉**考具邱嘉古高暇　加架去告求街叩價考　假嘉巨古口沽具**舉**九加　街稼**車**叩邱**渠**去賈伽佳

10

① 高　　　　　　② 巨
③ 召　　　　　　④ 伽

☆TIP

家**伽**賈渠沽球**巨**可居假　價暇居**高**九車求稼家架　可佳舉考具邱嘉古**高**暇　加架去告求告街叩價考　假嘉**巨**古口沽具舉九加　街稼車叩邱渠去賈**伽**佳

ANSWER 〉 6.① 7.④ 8.④ 9.② 10.③

▌11~14 ▌ 다음 제시된 문자 중에서 더 많이 반복되는 문자의 개수를 고르시오.

기마	기차	구차	하마	나사	가사	자차	마차
하마	나사	유사	마차	기사	오차	화마	기차
오차	기사	자차	기차	유사	이사	기마	구차
구차	회사	회사	이사	구차	기차	나사	유사
자차	사자	기사	기마	회사	기사	가사	자차
유사	이사	가차	나사	하마	사자	구차	하마
나사	가사	하마	회사	자차	이사	화차	기마
기사	마차	오차	이사	기차	하마	나사	자차

11

기마, 가사

① 3개   ② 4개

③ 5개   ④ 6개

✿ TIP

기마	기차	구차	하마	나사	가사	자차	마차
하마	나사	유사	마차	기사	오차	화마	기차
오차	기사	자차	기차	유사	이사	**기마**	구차
구차	회사	회사	이사	구차	기차	나사	유사
자차	사자	기사	**기마**	회사	기사	가사	자차
유사	이사	가차	나사	하마	사자	구차	하마
나사	가사	하마	회사	자차	이사	화차	**기마**
기사	마차	오차	이사	기차	하마	나사	자차

→ 기마는 4개, 가사는 3개이다.

12

화차, 마차

① 3개   ② 4개

③ 5개   ④ 6개

☆ **TIP**

기마	기차	구차	하마	나사	가사	자차	**마차**
하마	나사	유사	**마차**	기사	오차	화마	기차
오차	기사	자차	기차	유사	이사	기마	구차
구차	회사	회사	이사	구차	기차	나사	유사
자차	사자	기사	기마	회사	기차	가사	자차
유사	이사	가차	나사	하마	사자	구차	하마
나사	가사	하마	회사	자차	이사	화차	기마
기사	**마차**	오차	이사	기차	하마	나사	자차

→ 화차는 1개, 마차는 3개이다.

13

나사, 구차

① 3개   ② 4개

③ 5개   ④ 6개

☆ **TIP**

기마	기차	구차	하마	**나사**	가사	자차	마차
하마	**나사**	유사	마차	기사	오차	화마	기차
오차	기사	자차	기차	유사	이사	기마	구차
구차	회사	회사	이사	구차	기차	**나사**	유사
자차	사자	기사	기마	회사	기차	가사	자차
유사	이사	가차	**나사**	하마	사자	구차	하마
나사	가사	하마	회사	자차	이사	화차	기마
기사	마차	오차	이사	기차	하마	**나사**	자차

→ 나사는 6개, 구차는 5개이다.

14

아차, 미사

① 1개   ② 2개

③ 3개   ④ 없다.

☆ **TIP** 제시된 단어 중 '아차'와 '미사'는 없다.

ANSWER 〉 11.② 12.① 13.④ 14.④

│ 15~18 │ 다음에서 제시되지 않은 숫자를 고르시오.

1	35	68	75	66	99	88	7	5	9
73	35	4	45	78	77	44	8	1	3
4	91	75	36	85	72	77	7	5	8
75	35	1	8	66	1	30	66	99	1
9	78	35	4	35	66	8	7	45	78
77	91	75	78	88	9	49	73	15	
16	75	66	99	77	7	91	36	85	

15 ① 85 ② 47
　 ③ 99 ④ 72

✫**TIP**　1 35 68 75 66 **99** 88 7 5 9
　　　73 35 4 45 78 77 44 8 1 3
　　　4 91 75 36 **85 72** 77 7 5 8
　　　75 35 1 8 66 1 30 66 **99** 1
　　　9 78 35 4 35 66 8 7 45 78
　　　77 91 75 78 88 9 49 73 15
　　　16 75 66 **99** 77 7 91 36 **85**

16 ① 36 ② 91
　 ③ 6 ④ 49

✫**TIP**　1 35 68 75 66 99 88 7 5 9
　　　73 35 4 45 78 77 44 8 1 3
　　　4 **91** 75 **36** 85 72 77 7 5 8
　　　75 35 1 8 66 1 30 66 99 1
　　　9 78 35 4 35 66 8 7 45 78
　　　77 **91** 75 78 88 9 **49** 73 15
　　　16 75 66 99 77 7 **91 36** 85

17 ① 73

② 44

③ 30

④ 71

✫ **TIP** 1 35 68 75 66 99 88 7 5 9
73 35 4 45 78 77 **44** 8 1 3
4 91 75 36 85 72 77 7 5 8
75 35 1 8 66 1 **30** 66 99 1
9 78 35 4 35 66 8 7 45 78
77 91 75 78 88 9 49 **73** 15
16 75 66 99 77 7 91 36 85

18 ① 76

② 68

③ 3

④ 15

✫ **TIP** 1 35 **68** 75 66 99 88 7 5 9
73 35 4 45 78 77 44 8 1 **3**
4 91 75 36 85 72 77 7 5 8
75 35 1 8 66 1 30 66 99 1
9 78 35 4 35 66 8 7 45 78
77 91 75 78 88 9 49 73 **15**
16 75 66 99 77 7 91 36 85

☞ANSWER 〉 14.④ 15.② 16.③ 17.④ 18.①

다음 중 반복되는 개수에 해당하는 문자를 고르시오.

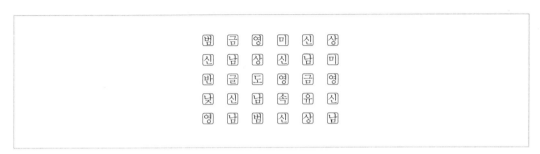

범	금	영	미	신	상
신	남	상	신	남	미
반	글	도	영	금	영
낫	신	남	속	유	신
영	남	범	신	상	남

19

5개

① 남   ② 범

③ 영   ④ 신

✪ TIP

범	금	영	미	신	상
신	**남**	상	신	**남**	미
반	글	도	영	금	영
낫	신	**남**	속	유	신
영	**남**	범	신	상	**남**

20

4개

① 금   ② 낫

③ 영   ④ 미

✪ TIP

범	금	**영**	미	신	상
신	남	상	신	남	미
반	글	도	**영**	금	**영**
낫	신	남	속	유	신
영	남	범	신	상	남

21

| 6개 |

① 굴 ② 반

③ 유 ④ 신

⭐**TIP**

범	금	영	미	**신**	상
신	남	상	**신**	남	미
반	굴	도	영	금	영
낫	**신**	남	속	유	**신**
영	남	범	**신**	상	남

22

| 0개 |

① 도 ② 높

③ 속 ④ 음

⭐**TIP** 높은 찾을 수 없다.

❙23~26❙ 다음 제시된 도형이 반복되는 개수를 고르시오.

```
℃ Å ℂ ￡ ￥ ♋ ♀ ￡ § ※ ☆
→ ￥ ↑ ☆ ≪ ↔ ∽ ∬ Σ ∞ ♀
♋ ☆ ← ∽ ／ Σ Å ℂ ♋ ℃ ↓
∽ ↑ ∂ ℉ ¤ ∀ ￥ ↔ Π Σ ∬
ℂ ＼ ↕ ♯ ∬ ￡ ♋ ∞ ¤ ℉ Å
℃ ∫ ∝ ∞ Π ∝ ∽ ♀ ♯ ＼ ↕
／ ♨ ☼ ¤ ∽ ∫ ℉ ￡ ℃ ♨ ∫ Π
```

23

<table><tr><td>￡</td></tr></table>

① 2개   ② 3개
③ 4개   ④ 5개

☆**TIP**
```
℃ Å ℂ ￡ ￥ ♋ ♀ ￡ § ※ ☆
→ ￥ ↑ ☆ ≪ ↔ ∽ ∬ Σ ∞ ♀
♋ ☆ ← ∽ ／ Σ Å ℂ ♋ ℃ ↓
∽ ↑ ∂ ℉ ¤ ∀ ￥ ↔ Π Σ ∬
ℂ ＼ ↕ ♯ ∬ ￡ ♋ ∞ ¤ ℉ Å
℃ ∫ ∝ ∞ Π ∝ ∽ ♀ ♯ ＼ ↕
／ ♨ ☼ ¤ ∽ ∫ ℉ ￡ ℃ ♨ ∫ Π
```

24

<table><tr><td>∬</td></tr></table>

① 2개   ② 3개
③ 4개   ④ 5개

☆**TIP**
```
℃ Å ℂ ￡ ￥ ♋ ♀ ￡ § ※ ☆
→ ￥ ↑ ☆ ≪ ↔ ∽ ∬ Σ ∞ ♀
♋ ☆ ← ∽ ／ Σ Å ℂ ♋ ℃ ↓
∽ ↑ ∂ ℉ ¤ ∀ ￥ ↔ Π Σ ∬
ℂ ＼ ↕ ♯ ∬ ￡ ♋ ∞ ¤ ℉ Å
℃ ∫ ∝ ∞ Π ∝ ∽ ♀ ♯ ＼ ↕
／ ♨ ☼ ¤ ∽ ∫ ℉ ￡ ℃ ♨ ∫ Π
```

25

⚥

① 2개   ② 3개

③ 4개   ④ 5개

⭐ **TIP**
℃ Å ₡ £ ¥ ⚥ ♀ £ § ※ ☆
→ ¥ ↑ ☆ ≪ ↔ ∽ ∬ Σ ∞ ♀
⚥ ☆ ← ∽ ╱ Σ Å ₡ ⚥ ℃ ↓
∽ ↑ ∂ °F ¤ ∀ ¥ ↔ π Σ ∬
₡ ↘ ↕ ♂ ∬ £ ⚥ ∞ ¤ °F Å
℃ ∫ ∝ ∞ π ∝ ∽ ♀ ♂ ↘ ↑
╱ ♨ ¤ ∽ ∫ °F £ ℃ ♨ ∫ π

26

¥

① 2개   ② 3개

③ 4개   ④ 5개

⭐ **TIP**
℃ Å ₡ £ **¥** ⚥ ♀ £ § ※ ☆
→ **¥** ↑ ☆ ≪ ↔ ∽ ∬ Σ ∞ ♀
⚥ ☆ ← ∽ ╱ Σ Å ₡ ⚥ ℃ ↓
∽ ↑ ∂ °F ¤ ∀ **¥** ↔ π Σ ∬
₡ ↘ ↕ ♂ ∬ £ ⚥ ∞ ¤ °F Å
℃ ∫ ∝ ∞ π ∝ ∽ ♀ ♂ ↘ ↑
╱ ♨ ¤ ∽ ∫ °F £ ℃ ♨ ∫ π

│ 27~30 │ 다음에 제시된 문자를 보고 보기 중 가장 많이 반복된 문자를 고르시오.

국어	국사	국내	국사	국왕	국내
국민	국면	국민	국기	국가	국민
국적	국가	국토	국물	국토	국사
국왕	국토	국면	국가	국제	국립
국물	국제	국왕	국민	국사	국물
국가	국내	국수	국적	국기	국가

27 ① 국가   ② 국민
③ 국내   ④ 국제

    ✿ **TIP** 국가 5개, 국민 4개, 국내 3개 국제 2개

28 ① 국어   ② 국물
③ 국수   ④ 국기

    ✿ **TIP** 국어 1개, 국물 3개, 국수 1개, 국기 2개

29 ① 국립   ② 국회
③ 국산   ④ 국적

    ✿ **TIP** 국립 1개, 국회 0개, 국산 0개, 국적 2개

30 ① 국사   ② 국왕
③ 국토   ④ 국면

    ✿ **TIP** 국사 4개, 국왕 3개, 국토 3개, 국면 2개

┃31~33┃ 제시된 기호, 문자, 숫자의 대응을 참고하여 각 문제의 대응이 같으면 '① 맞음'을, 틀리면 '② 틀림'을 선택하시오.

F1 = ♯	F2 = ♮	F3 = ♭	F4 = ¢	F5 = 𝄢	F6 = ♪
F7 = ♩	F8 = ♩	F9 = ♩	F10 = ♩	F11 = ♪	F12 = ♫

31 F5 F2 F8 F4 F9 F1 – 𝄢 ♮ ♩ ¢ ♩ ♯   ① 맞음   ② 틀림

✰ **TIP** F5=𝄢, F2=♮, F8=♩, F4=¢, F9=♩, F1=♯

32 ♭ ♪ ♩ 𝄢 ♫ ♪ ♩ – F3 F6 F8 F5 F12 F11 F9   ① 맞음   ② 틀림

✰ **TIP** ♭=F3, ♪=F6, ♩=F8, 𝄢=F5, ♫=F12, ♪=F11, ♩=F10

33 F1 F3 F7 F5 F10 F9 – ♯ ♮ ♩ 𝄢 ♩ ♩   ① 맞음   ② 틀림

✰ **TIP** F1=♯, F3=♭, F7=♩, F5=𝄢, F10=♩, F9=♩

┃34~36┃ 제시된 기호, 문자, 숫자의 대응을 참고하여 각 문제의 대응이 같으면 '① 맞음'을, 틀리면 '② 틀림'을 선택하시오.

0	9	8	7	6	5	4	3	2	1
Ⓐ	Ⓑ	Ⓒ	Ⓓ	Ⓔ	Ⓕ	Ⓖ	Ⓗ	Ⓘ	Ⓙ

34 1 4 2 8 5 7 − Ⓙ Ⓖ Ⓘ Ⓔ Ⓕ Ⓓ   ① 맞음   ② 틀림

✡ **TIP** 1=Ⓙ, 4=Ⓖ, 2=Ⓘ, 8̲=̲Ⓒ̲, 5=Ⓕ, 7=Ⓓ

35 5 9 4 5 2 7 1 4 − Ⓕ Ⓑ Ⓖ Ⓕ Ⓘ Ⓓ Ⓣ Ⓖ   ① 맞음   ② 틀림

✡ **TIP** 5=Ⓕ, 9=Ⓑ, 4=Ⓖ, 5=Ⓕ, 2=Ⓘ, 7=Ⓓ, 1̲=̲Ⓙ̲, 4=Ⓖ

36 8 2 0 5 9 2 6 4 4 − Ⓒ Ⓘ Ⓐ Ⓕ Ⓑ Ⓘ Ⓔ Ⓖ Ⓖ   ① 맞음   ② 틀림

✡ **TIP** 8=Ⓒ, 2=Ⓘ, 0=Ⓐ, 5=Ⓕ, 9=Ⓑ, 2=Ⓘ, 6=Ⓔ, 4=Ⓖ, 4=Ⓖ

▌37~45 ▌ 다음에서 각 문제의 왼쪽에 표시된 굵은 글씨체의 기호, 문자, 숫자의 개수를 오른쪽에서 모두 세어 보시오.

37

> **S**   AWGZXTSDSVSRDSQDTWQ

① 1   ② 2
③ 3   ④ 4

> ⭐ **TIP**   AWGZXT**S**D**S**V**S**RD**S**QDTWQ

38

> **시**   제시된 문제를 잘 읽고 예제와 같은 방식으로 정확하게 답하시오.

① 1   ② 2
③ 3   ④ 4

> ⭐ **TIP**   제**시**된 문제를 잘 읽고 예제와 같은 방식으로 정확하게 답하**시**오.

39

> **6**   1001058762546026873217

① 1   ② 2
③ 3   ④ 4

> ⭐ **TIP**   1001058**7**6254**6**026**8**873217

40

火　秋花春風南美北西冬木日火水金

① 1　　　　　　　　　　　② 2

③ 3　　　　　　　　　　　④ 4

✦ **TIP**　秋花春風南美北西冬木日**火**水金

41

ᄍ　ㅂ ㅃ ㅅ ㅐ ㅆ ㄹ ㄹ ㅏ ㅅ ㄴ ㄷ ㅆ ㅅ ㅐ ㅂ ㅐ ㄱ ㅉ ㅁ ㅇ

① 1　　　　　　　　　　　② 2

③ 3　　　　　　　　　　　④ 4

✦ **TIP**　ㅂ ㅃ ㅅ ㅐ ㅆ ㄹ ㄹ ㅏ ㅅ ㄴ ㄷ **ㅆ** ㅅ ㅐ ㅂ ㅐ ㄱ ㅉ ㅁ ㅇ

42

$\dfrac{\alpha}{}$　$\sum 4 \lim 6 \overrightarrow{A} \pi 8 \beta \dfrac{5}{9} \Delta \pm \displaystyle\int \dfrac{2}{3} \text{Å} \theta \gamma 8$

① 0　　　　　　　　　　　② 1

③ 2　　　　　　　　　　　④ 3

✦ **TIP**　오른쪽에 α가 없다.

43

XII	iii iv I vi IV XII i vii x viii V VII VIII IX X XI ix xi ii v XII

① 1　　　　　　　　　　　　　② 2

③ 3　　　　　　　　　　　　　④ 4

☆ **TIP**　iii iv I vi IV **XII** i vii x viii V VII VIII IX X XI ix xi ii v **XII**

44

Ξ	ℵ Ⴚ β Ψ Ξ ℵ ϯ Ϭ b ϑ π τ φ λ μ ξ ή Ο Ξ Μ Ÿ

① 1　　　　　　　　　　　　　② 2

③ 3　　　　　　　　　　　　　④ 4

☆ **TIP**　ℵ Ⴚ β Ψ **Ξ** ℵ ϯ Ϭ b ϑ π τ φ λ μ ξ ή Ο **Ξ** Μ Ÿ

45

₩	Ɇ ₡ Ɠ ₣ ₤ m ₦ P ℞ s ₩ ₥ ₫ € K ₮ ₯ ρ ₷ ₱

① 0　　　　　　　　　　　　　② 1

③ 2　　　　　　　　　　　　　④ 3

☆ **TIP**　Ɇ ₡ Ɠ ₣ ₤ m ₦ P ℞ s **₩** ₥ ₫ € K ₮ ₯ ρ ₷ ₱

| 46~47 | 다음에 열거된 단어 중 문제에 제시된 단어와 일치하는 것을 찾아 개수의 합을 구하시오.

군인	군대	국방	구민	구정	구조	굴비
군화	군비	군량	군기	국기	극기	국가

46

> 국기 구정 구분 군화

① 1   ② 2
③ 3   ④ 4

✿ **TIP** 국기 1개, 구정 1개, 구분 0개, 군화 1개

47

> 군대 군수 극기 구조

① 1   ② 2
③ 3   ④ 4

✿ **TIP** 군대 1개, 군수 0개, 극기 1개, 구조 1개

┃48~50┃ 다음 제시된 문장과 다른 하나를 고르시오.

48

> 아름답고 건강하게 살고자 하는 인류의 영원한 꿈을 실현하고자 합니다.

① 아름답고 건강하게 살고자 하는 인류의 영완한 꿈을 실현하고자 합니다.
② 아름답고 건강하게 살고자 하는 인류의 영원한 꿈을 실현하고자 합니다.
③ 아름답고 건강하게 살고자 하는 인류의 영원한 꿈을 실현하고자 합니다.
④ 아름답고 건강하게 살고자 하는 인류의 영원한 꿈을 실현하고자 합니다.

✕**TIP** ① 아름답고 건강하게 살고자 하는 인류의 영<u>완</u>한 꿈을 실현하고자 합니다.

49

> 기업 및 브랜드의 철학과 가치를 담아 소통하고 있습니다.

① 기업 및 브랜드의 철학과 가치를 담아 소통하고 있습니다.
② 기업 및 브랜드의 철학과 가치를 담아 소통하고 있습니다.
③ 기업 및 브랜드의 철학과 가치를 담아 소통하고 있습니다.
④ 기업 및 브랜드의 철학과 가치를 담아 소통하고 있습니다.

✕**TIP** ④ 기업 및 브랜드의 철학과 가치를 담아 소<u>통</u>하고 있습니다.

50

> 생물다양성 보전 등을 통해 긍정적인 변화를 이끌기 위해 노력합니다.

① 생물다양성 보전 등을 통해 긍정적인 변화를 이끌기 위해 노력합니다.
② 생물다양성 보존 등을 통해 긍정적인 변화를 이끌기 위해 노력합니다.
③ 생물다양성 보전 등을 통해 긍정적인 변화를 이끌기 위해 노력합니다.
④ 생물다양성 보전 등을 통해 긍정적인 변화를 이끌기 위해 노력합니다.

✕**TIP** ② 생물다양성 보<u>존</u> 등을 통해 긍정적인 변화를 이끌기 위해 노력합니다.

👍ANSWER 〉 46.③ 47.③ 48.① 49.④ 50.②

02 CHAPTER 언어유추력

┃1~10┃ 제시된 단어의 관계와 같은 단어를 고르시오.

1

> 최인훈 : 광장

① 김유정 : 태평천하
② 김동리 : 카인의 후예
③ 이문열 : 우리들의 일그러진 영웅
④ 조세희 : 상록수

　TIP　제시된 단어는 작가와 작품의 관계이다.
　　　　① 채만식 : 태평천하
　　　　② 황순원 : 카인의 후예
　　　　④ 심훈 : 상록수

2

> 길다 : 짧다

① 남자 : 여자　　　　　　② 오만 : 거만
③ 아이 : 어린이　　　　　④ 멸시 : 경멸

　TIP　제시된 단어는 반의 관계이다.
　　　　②③④는 유의 관계이다.

3

> 전쟁 : 피난

① 서른 : 삼십   ② 예술 : 패션

③ 늦잠 : 피로   ④ 서점 : 책방

> ✵**TIP** 제시된 단어는 인과 관계이다.
> ①④ 유의 관계
> ② 상하 관계

4

> 고구려 : 평양

① 발해 : 전주   ② 고려 : 개경

③ 백제 : 경주   ④ 신라 : 상경

> ✵**TIP** 제시된 단어는 나라와 수도의 관계이다.

5

> 운동 : 야구

① 아빠 : 엄마   ② 작다 : 크다

③ 남학생 : 여학생   ④ 문학 : 소설

> ✵**TIP** 제시된 단어는 상하 관계이다.
> ①②③은 반의 관계이다.

🔥ANSWER 〉 1.③ 2.① 3.③ 4.② 5.④

6

> 나무 : 그루

① 묘목 : 다스   ② 두부 : 모
③ 사과 : 포기   ④ 자격증 : 벌

   ✡ **TIP** 제시된 단어는 대상과 세는 단위 관계이다.
         ① 연필 : 다스
         ③ 김치 : 포기
         ④ 옷 : 벌

7

> 책 : 독서

① 방송 : 시청   ② 라디오 : 시동
③ 컴퓨터 : 운전   ④ 물 : 제작

   ✡ **TIP** 제시된 단어는 대상과 이를 이용할 방법의 관계이다.
         ② 오토바이 : 시동
         ③ 자동차 : 운전
         ④ 옷 : 제작

8

> 국어사전 : 단어

① 생물 : 동물   ② 악기 : 피아노
③ 학용품 : 지우개   ④ 인터넷 : 정보

   ✡ **TIP** 국어사전에서 단어를 찾을 수 있고, ④ 인터넷에서 정보를 찾을 수 있다.
         ①②③은 상하 관계이다.

9

밀가루 : 면

① 탄수화물 : 밥   ② 고무 : 타이어

③ 옷 : 의상   ④ 꽃 : 피다

☆**TIP** 제시된 단어는 원료와 제품의 관계이다.
        ① 영양소와 음식의 관계
        ③ 유의 관계
        ④ 자동사 관계

10

접시 : 음식

① 저금통 : 동전   ② 하늘 : 땅

③ 낮 : 얼굴   ④ 한국 : 서울

☆**TIP** 접시는 음식을 담는 역할을 하고, ① 저금통도 동전을 담는 역할을 한다.
        ② 반의 관계
        ③ 유의 관계
        ④ 국가와 수도의 관계

👍ANSWER 〉 6.② 7.① 8.④ 9.② 10.①

■11~20■ 다음 제시된 단어와 의미가 유사한 단어를 고르시오.

11

중건

① 보수   ② 문초

③ 유인   ④ 중소

✡ **TIP** 중건 … 절이나 왕궁 따위를 보수하거나 고쳐 지음
　　　　① 건물이나 시설 따위의 낡거나 부서진 것을 손보아 고침
　　　　② 죄나 잘못을 따져 묻거나 심문함
　　　　③ 주의나 흥미를 일으켜 꾀어냄
　　　　④ 규모나 수준 따위가 중간 정도인 것과 그 이하인 것

12

날림

① 말미   ② 꼼꼼

③ 대강   ④ 바싹

✡ **TIP** 날림 … 정성을 들이지 아니하고 대강대강 아무렇게나 하는 일
　　　　① 어떤 사물의 맨 끄트머리
　　　　② 빈틈이 없이 차분하고 조심스러운 모양
　　　　③ 자세하지 않게 기본적인 부분만 들어 보이는 정도로
　　　　④ 물기가 다 말라 버리거나 타들어 가는 모양

13

허수롭다

① 느슨하다　　　　　　　② 단정하다

③ 허전하다　　　　　　　④ 조용하다

⭐ **TIP** 허수롭다 … 짜임새나 단정함이 없이 느슨한 데가 있다.

14

곤욕

① 허발　　　　　　　　　② 는개

③ 드레　　　　　　　　　④ 영금

⭐ **TIP** ① 몹시 굶주려 있거나 궁하여 체면 없이 함부로 먹거나 덤빔
② 안개비보다는 조금 굵고 이슬비보다는 가는 비
③ 인격적으로 점잖은 무게
④ 따끔하게 당하는 곤욕

15

뒤퉁스럽다

① 미련하다　　　　　　　② 흔들리다

③ 기울어지다　　　　　　④ 뚱뚱하다

⭐ **TIP** 뒤퉁스럽다 … 미련하거나 찬찬하지 못하여 일을 잘 저지를 듯하다.

🖐ANSWER 〉 11.① 12.③ 13.① 14.④ 15.①

16

> 은닉

① 묻다   ② 파다

③ 알다   ④ 꼬다

✦ **TIP** 은닉 ··· 남의 물건이나 범죄인을 감춤
① 일을 드러내지 아니하고 속 깊이 숨기어 감추다.

17

> 옹골지다

① 궁색하다   ② 알차다

③ 심술궂다   ④ 염치없다

✦ **TIP** 옹골지다 ··· 실속이 있게 속이 꽉 차 있다.
② 속이 꽉 차 있거나 내용이 아주 실속이 있다.

18

> 정양(靜養)

① 배양   ② 함양

③ 부양   ④ 요양

✦ **TIP** 정양(靜養) ··· 몸과 마음을 편하게 하여 피로나 병을 요양함
① 인격, 역량, 사상 따위가 발전하도록 가르치고 키움
② 능력이나 품성 따위를 길러 쌓거나 갖춤
③ 생활 능력이 없는 사람의 생활을 돌봄
④ 휴양하면서 조리하여 병을 치료함

19

독점

① 무시   ② 성취

③ 전유   ④ 공동

✦ **TIP** 독점 … 혼자서 모두 차지함
① 사물의 존재 의의나 가치를 알아주지 아니함
② 목적한 바를 이룸
③ 혼자 독차지하여 가짐
④ 둘 이상의 사람이나 단체가 함께 일을 하거나, 같은 자격으로 관계를 가짐

20

요행

① 행운   ② 행차

③ 요절   ④ 반목

✦ **TIP** 요행 … 뜻밖에 얻는 행운
① 좋은 운수. 또는 행복한 운수
② 웃어른이 차리고 나서서 길을 감. 또는 그때 이루는 대열
③ 젊은 나이에 죽음
④ 서로서로 시기하고 미워함

ANSWER 〉 16.① 17.② 18.④ 19.③ 20.①

┃21~30┃ 다음 중 단어의 관계가 다른 하나를 고르시오.

21 ① 예술 : 문학   ② 스포츠 : 축구
    ③ 식기 : 그릇   ④ 남성 : 여성

> ✫ **TIP** ①②③은 상하 관계이다.
> ④는 반의 관계이다.

22 ① 변호사 : 구형   ② 가수 : 노래
    ③ 학생 : 공부   ④ 강사 : 강의

> ✫ **TIP** ②③④는 직업과 업무의 관계이다.
> ① 검사 : 구형

23 ① 김유정 : 동백꽃   ② 김동인 : 소나기
    ③ 염상섭 : 삼대   ④ 이상 : 날개

> ✫ **TIP** ①③④는 작가와 작품의 관계이다.
> ② 김유정 : 소나기

24 ① 잡다 : 쥐다   ② 모으다 : 수집하다
    ③ 오다 : 가다   ④ 낯 : 얼굴

> ✫ **TIP** ①②④는 유의 관계이다.
> ③은 반의 관계이다.

25 ① 연예인 : 가수   ② 면 : 밀가루
    ③ 고무 : 타이어   ④ 흙 : 도자기

> ✫ **TIP** ②③④는 제품과 원료의 관계이다.
> ①은 상하 관계이다.

26 ① 긴축 : 완화　　　　　　② 남편 : 아내

　　③ 스승 : 제자　　　　　　④ (돈을)타다 : 받다

　　✩ **TIP**　①②③은 반의 관계이다.
　　　　　　　④는 유의 관계이다.

27 ① 울릉도 : 오징어 축제　　② 제주 : 유채꽃 축제

　　③ 양평 : 나비 축제　　　　④ 통영 : 한산대첩 축제

　　✩ **TIP**　①②④는 지역과 축제의 관계이다.
　　　　　　　③ 함평 : 나비 축제

28 ① 깨닫다 : 깨달으다　　　② 베풀다 : 베푸시다

　　③ 먹다 : 잡수시다　　　　④ 끊다 : 끊으시다

　　✩ **TIP**　②③④는 낮춤말과 높임말의 관계이다.
　　　　　　　① 깨닫다 : 깨달으시다

29 ① 횡성 : 한우　　　　　　② 전주 : 죽세공품

　　③ 나주 : 배　　　　　　　④ 남원 : 목기

　　✩ **TIP**　①③④는 지역과 특산품의 관계이다.
　　　　　　　② 담양 : 죽세공품

30 ① 지진 : 붕괴　　　　　　② 전쟁 : 피난

　　③ 기억 : 피로　　　　　　④ 음주 : 속쓰림

　　✩ **TIP**　①②④은 인과 관계이다.
　　　　　　　③ 늦잠 : 피로

👍 ANSWER 〉 21.④　22.①　23.②　24.③　25.①　26.④　27.③　28.①　29.②　30.③

31~35 다음 중 제시된 문장의 밑줄 친 어휘와 같은 의미로 사용된 것을 고르시오.

31

> 누군가가 뒤에서 내 어깨를 <u>잡아</u> 흔들었다.

① 개구리를 <u>잡아다가</u> 닭에게 먹였다.

② 할아버지는 돼지를 <u>잡아</u> 잔치를 베푸셨다.

③ 그녀가 무엇 때문에 찾아왔는지 나는 도무지 감을 <u>잡을</u> 수 없었다.

④ 어머니는 내 손을 꼭 <u>잡으셨다</u>.

✦**TIP** ① 붙들어 손에 넣다.
② 짐승을 죽이다.
③ 실마리, 요점, 단점 따위를 찾아내거나 알아내다.
④ 손으로 움키고 놓지 않다.

32

> 옷매무새를 <u>바르게</u> 하다.

① 그는 회사에서 가장 인사성이 <u>바른</u> 사람이다.

② 의자에 <u>바르게</u> 앉아라.

③ 숨기지 말고 <u>바르게</u> 대답하시오.

④ 기르던 물고기가 죽어 양지가 <u>바른</u> 곳에 묻어 주었다.

✦**TIP** ① 말이나 행동 따위가 사회적인 규범이나 사리에 어긋나지 아니하고 들어맞다.
② 겉으로 보기에 비뚤어지거나 굽은 데가 없다.
③ 사실과 어긋남이 없다.
④ 그늘이 지지 아니하고 햇볕이 잘 들다.

33

> 그 시는 한 구절로 전체가 <u>살았다</u>.

① 그는 백 살까지 <u>살았다</u>.

② 잿더미에 불씨가 아직 <u>살아</u> 있다.

③ 칭찬 몇 마디 해 주었더니 기운이 <u>살아서</u> 잘난 척이다.

④ 그 마을에는 아직도 전통이 그대로 <u>살아</u> 있다.

TIP ① 생명을 지니고 있다.
② 불 따위가 타거나 비치고 있는 상태에 있다.
③ 성질이나 기운 따위가 뚜렷이 나타나다.
④ 본래 가지고 있던 색깔이나 특징 따위가 그대로 있거나 뚜렷이 나타나다.

34

세상일이란 마음 먹기에 달려 있다.

① 남은 이익은 모두 네가 먹어라.
② 형은 나보다 두 살 더 먹었다.
③ 앙심을 먹고 투서를 하다.
④ 아내에게 핀잔만 먹었다.

TIP ① 수익이나 이문을 차지하여 가지다.
② 일정한 나이에 이르거나 나이를 더하다.
③ 어떤 마음이나 감정을 품다.
④ 욕, 핀잔 따위를 듣거나 당하다.

35

펜에 잉크를 찍다.

① 고기는 소금에 찍어 먹어야 제맛이 난다.
② 서류에 도장을 찍다.
③ 누나는 하얗게 분 바르고 빨갛게 연지를 찍었다.
④ 문장의 끝에 마침표를 찍다.

TIP ① 물건의 끝에 가루나 액체 따위를 묻히다.
② 바닥에 대고 눌러서 자국을 내다.
③ 화장품 따위를 얼굴에 조금 묻히다.
④ 점이나 문장 부호 따위를 써넣다.

ANSWER 〉 31.④ 32.② 33.④ 34.③ 35.①

|36~45| 다음에 제시된 단어의 상관관계를 파악하여 괄호 안에 들어갈 단어로 가장 적절한 것을 고르시오.

36

> 연장 : (   ) = 적자 : 흑자

① 응축   ② 단축

③ 축소   ④ 위축

�֍ **TIP** 적자와 흑자는 반의어 관계이다.
           ① 한데 엉겨 굳어서 줄어듦 또는 내용의 핵심이 어느 한곳에 집중되어 쌓여 있음
           ② 시간이나 거리 따위가 짧게 줄어듦 또는 그렇게 줄임
           ④ 마르거나 시들어서 우그러지고 쭈그러듦 또는 어떤 힘에 눌려 졸아들고 기를 펴지 못함

37

> 회사 : 직원 = 국가 : (   )

① 공무원   ② 상인

③ 과장   ④ 이사장

✖ **TIP** 직원은 회사소속이고, 공무원은 국가소속이다.

38

> 버터 : 지방 = 두부 : (   )

① 콩   ② 두유

③ 단백질   ④ 우유

✖ **TIP** 버터의 주요 영양소는 지방, 두부의 주요 영양소는 단백질이다.

39

벽지 : (　　) = 버터 : 마가린

① 페인트　　　　　　　② 도배

③ 인테리어　　　　　　④ 책상

✦ **TIP**　버터와 마가린은 종류가 다르지만 동일한 효용을 얻을 수 있는 재화인 대체대에 해당한다. 벽지와 동일한 효용을 얻을 수 있는 것은 페인트이다.

40

전쟁 : 패배 = 폭우 : (　　)

① 천둥　　　　　　　　② 파도

③ 홍수　　　　　　　　④ 태풍

✦ **TIP**　전쟁과 패배는 원인과 결과의 관계이다.
③ 폭우에 의해 홍수가 발생한다.

41

구기 : 야구 = 조류 : (　　)

① 치타　　　　　　　　② 잉어

③ 곰　　　　　　　　　④ 매

✦ **TIP**　야구는 구기 종목에 속하므로 상위어와 하위어의 관계이다. 보기 중 조류에 속하는 것은 ④번이다.

42

> 구름 : 수증기 = 석탄 : (　　)

① 석유　　　　　　　　　　② 다이아몬드
③ 탄광　　　　　　　　　　④ 자원

✫ **TIP**　같은 것으로 구성된 두 가지 물질을 연결한 것이다.
　　　　　구름과 수증기는 물로 이루어져있고, 석탄과 다이아몬드는 탄소로 이루어져있다.

43

> 달력 : 날짜 = 시계 : (　　)

① 시간　　　　　　　　　　② 팔찌
③ 자명종　　　　　　　　　④ 알람

✫ **TIP**　달력으로는 날짜를 확인할 수 있고, 시계로는 시간을 확인할 수 있다.

44

> 자료 : 논문 = (　　) : 솜사탕

① 어린이　　　　　　　　　② 놀이공원
③ 삐에로　　　　　　　　　④ 설탕

✫ **TIP**　논문은 자료를 토대로 만들어지고, 솜사탕은 설탕으로 만들어진다.

45

> 책 : 위편삼절(韋編三絕) = 가을 : (   )

① 달랑거철(螳螂車轍)

② 천고마비(天高馬肥)

③ 유비무환(有備無患)

④ 삼고초려(三顧草廬)

　　✫ **TIP** 위에 제시된 관계는 각 단어와 그 단어와 관련된 사자성어를 나타낸 것이다. 가을과 관련된 사
　　　　자성어는 천고마비이다.
　　　　※ **천고마비(天高馬肥)** … 하늘이 맑아 높푸르게 보이고 온갖 곡식이 익는 가을철을 이르는 말

┃46~50┃ 다음에 제시된 단어의 상관관계를 파악하여 ㉠, ㉡ 안에 들어갈 단어로 가장 적절한 것
을 고르시오.

46

> 빨래 : (㉠) = (㉡) : 컵

① ㉠ : 세탁기 ㉡ : 물

② ㉠ : 집게   ㉡ : 수세미

③ ㉠ : 세제   ㉡ : 음료

④ ㉠ : 다림질 ㉡ : 설거지

　　✫ **TIP** ① 빨래는 세탁기에 담고, 물은 컵에 담는다.

47

갈무리 : (㉠) = 수채 : (㉡)

① ㉠ : 달무리   ㉡ : 구멍
② ㉠ : 정돈   ㉡ : 하수구
③ ㉠ : 마무리   ㉡ : 싱크대
④ ㉠ : 청소   ㉡ : 설거지

✿ **TIP** ② 갈무리란 물건 따위를 잘 정리하거나 간수함을 이르는 말로 정돈과 유의어 관계이고, 수채란 집 안에서 버린 물이 집 밖으로 흘러 나가도록 만든 시설을 이르는 말로 하수구와 유의어 관계이다.

48

한약 : (㉠) = (㉡) : 필

① ㉠ : 두름   ㉡ : 바늘
② ㉠ : 쌈   ㉡ : 생선
③ ㉠ : 첩   ㉡ : 명주
④ ㉠ : 손   ㉡ : 연필

✿ **TIP** 사물과 그를 세는 단위를 연결한 것이다.
㉠ 첩 : 약봉지에 싼 약의 뭉치를 세는 단위
㉡ 필 : 일정한 길이로 말아 놓은 피륙을 세는 단위

49

> (㉠) : 협찬 = 차제 : (㉡)

① ㉠ : 찬조 ㉡ : 기회
② ㉠ : 협조 ㉡ : 동생
③ ㉠ : 도움 ㉡ : 실패
④ ㉠ : 후원 ㉡ : 근심

★**TIP** 차제 … 때마침 주어진 기회

50

> 배우 : (㉠) = (㉡) : 노래

① ㉠ : 연기 ㉡ : 가수
② ㉠ : 무대 ㉡ : 가창
③ ㉠ : 드라마 ㉡ : 콘서트
④ ㉠ : 영화 ㉡ : 오페라

★**TIP** 배우는 연기를 잘해야 하고, 가수는 노래를 잘해야 한다.

03 언어추리력

┃1~6┃ 다음 조건과 같을 때, 항상 옳은 것은?

1

〈조건〉
㉠ 서울의 야구장 관중 수는 부산보다 많지만 매출액은 적다.
㉡ 부산은 광주보다 관중 수와 매출액이 높다.
㉢ 대전은 광주보다 관중 수가 적지만 매출액은 더 많다.
㉣ 서울은 대전보다 관중 수와 매출액이 높다.

① 대전은 서울보다 매출액이 적다.
② 서울은 광주보다 관중 수가 적다.
③ 부산의 매출액은 전체 2위이다.
④ 광주는 대전보다 관중 수, 매출액 모두가 더 많다.

✫ **TIP** • 관중 수 : 서울〉부산〉광주〉대전
• 매출액 : 부산〉서울〉대전〉광주

2

〈조건〉
㉠ 베테랑은 여유가 있다.
㉡ 여유가 있는 사람은 우승 반지를 가지고 있다.
㉢ 병수는 우승 반지를 가지고 있지 않다.

① 병수는 여유가 있다.
② 병수는 우승 반지를 가지고 있다.
③ 병수는 베테랑이 아니다.
④ 병수는 베테랑이다.

✫ **TIP** • 베테랑→여유→우승반지
• 병수는 우승반지를 가지고 있지 않으므로 베테랑이 아니다.

3

> 〈조건〉
> ㉠ 바나나를 먹으면 단 맛이 난다.
> ㉡ 단 맛이 나는 것을 먹으면 기분이 좋다.
> ㉢ 기분이 좋으면 일이 잘 풀린다.

① 원숭이는 바나나를 좋아한다.
② 바나나는 기분을 나쁘게 한다.
③ 매운 맛이 나는 것을 먹으면 기분을 좋게 한다.
④ 바나나를 먹으면 일이 잘 풀린다.

★ **TIP** • 바나나 단 맛→기분 좋음→일이 잘 풀림
　　　　 • 바나나를 먹으면 일이 잘 풀린다.

4

> 〈조건〉
> ㉠ A, B, C, D는 모두 양의 정수이다.
> ㉡ 양의 정수는 0보다 크다.
> ㉢ A, B, C, D 중 어떤 수를 더해도 0보다 크다.

① A에서 C를 빼면 0보다 작다.
② A. B를 곱한 수는 C, D를 모두 곱한 수보다 크다.
③ A에 B를 더하면 0보다 작다.
④ A, B, C, D를 모두 곱하면 0보다 크다.

★ **TIP** A, B, C, D는 모두 양의 정수이므로 모두 곱하면 0보다 크게 된다.
　　　　 ①②는 위의 조건만으로 알 수 없다.
　　　　 ③ A에 B를 더하면 0보다 크다.

5

<조건>

㉠ 재신이는 고속 주행을 한다.
㉡ 고속 주행을 하는 사람은 참을성이 부족하다.
㉢ 참을성이 부족한 사람은 난폭하다.

① 고속 주행을 하는 사람 모두가 참을성이 부족한 것은 아니다.
② 고속 주행을 하는 사람 모두가 난폭한 것은 아니다.
③ 재신이는 난폭하다.
④ 재신이는 참을성이 많다.

✩ **TIP** • 재신이 고속 주행→참을성 부족→난폭
　　　　 • 재신이는 난폭하다.

6

<조건>

㉠ 부사장은 사장의 손자이다.
㉡ 사장의 손자는 노총각이다.
㉢ 노총각은 일이 바쁘다.
㉣ 바쁜 사람은 결혼을 못한다.

① 부사장은 일이 없다.
② 사장의 손자는 결혼을 했다.
③ 부사장은 총각이 아니다.
④ 부사장은 결혼을 못한다.

✩ **TIP** • 부사장은 손자→노총각→바쁘다→결혼을 못한다.
　　　　 • 부사장은 결혼을 못한다.

7 팀원 갑, 을, 병, 정이 순서대로 휴가를 내려고 한다. 조건이 다음과 같을 때, 옳은 것은?

〈조건〉
㉠ 을은 두 번째로 휴가를 내야 한다.
㉡ 갑은 정의 바로 뒤에 휴가를 내야 한다.
㉢ 병은 첫 번째 혹은 마지막에 휴가를 내야 한다.

① 병은 세 번째로 휴가를 낸다.
② 갑은 두 번째로 휴가를 낸다.
③ 갑은 마지막으로 휴가를 낸다.
④ 을은 첫 번째로 휴가를 낸다.

★**TIP** 휴가는 '병, 을, 정, 갑' 순이다.

8 다음 명제가 모두 참일 때, 추론할 수 있는 내용으로 옳지 않은 것은?

㉠ 우유 생산량이 감소하면, 우유 가격이 상승한다.
㉡ 우유 소비량이 감소하면, 우유 생산량이 감소한다.
㉢ 우유 생산량이 감소하지 않으면, 유제품 가격이 상승하지 않는다.

① 유제품 가격이 상승하면, 우유 생산량이 감소한다.
② 우유 가격이 상승하지 않으면, 우유 생산량이 감소하지 않는다.
③ 우유 소비량이 감소하지 않으면, 유제품 가격이 상승하지 않는다.
④ 우유 생산량이 감소하지 않으면, 우유 소비량이 감소하지 않는다.

★**TIP** 명제의 대우는
㉠ 우유 가격이 상승하지 않으면, 우유 생산량이 감소하지 않는다.
㉡ 우유 생산량이 감소하지 않으면, 우유 소비량은 감소하지 않는다.
㉢ 유제품 가격이 상승하면, 우유 생산량이 감소한다.

👍ANSWER 〉 5.③ 6.④ 7.③ 8.③

9 다음 제시된 문장과 같은 오류를 범하고 있는 것을 고르시오.

> 학점이 낮은 것으로 보아 이 학생은 학교생활을 엉망으로 했군.

① 이 영화는 세계적으로 유명한만큼 아주 훌륭한 영화일거야.
② 군사 분계선의 자연 환경을 조사하고 나니, 한반도는 자연이 잘 보존되고 있는 지역이구나.
③ 우리 강아지는 너무 사고를 많이 쳐요. 우리 강아지도 남들로부터 골치 아프다는 말을 자주 듣는데, 댁의 강아지도 그러겠군요.
④ 바둑과 인생은 유사한 점이 많기 때문에 바둑도 인생처럼 굴곡이 있을 것이다.

> ✩**TIP** 제시된 문장은 성급한 일반화의 오류를 저지르고 있다.
> ① 대중에 호소하는 오류
> ③ 우연의 오류
> ④ 잘못된 유추의 오류

10 다음 제시된 문장이 범하고 있는 오류는 무엇인가?

> 최근 미국에서 흑인 노동자들에 의해 발생하는 범죄가 증가하고 있다. 따라서 안전을 위해 모든 흑인을 피해야한다.

① 흑백논리의 오류
② 애매어의 오류
③ 동정에 호소하는 오류
④ 성급한 일반화의 오류

> ✩**TIP** 흑인 노동자들에 의한 범죄가 많다는 것만으로 모든 흑인을 범죄자라고 생각하는 것은 성급환 일반화의 오류를 나타낸다.

11~20 다음의 말이 전부 참일 때 항상 참인 것을 고르시오.

11

- A는 수영을 못하지만 B보다 달리기를 잘한다.
- B는 C보다 수영을 잘한다.
- D는 C보다 수영을 못하지만 A보다 달리기를 잘한다.

① C는 달리기를 못한다.

② A가 수영을 가장 못한다.

③ D는 B보다 달리기를 잘한다.

④ 수영을 가장 잘하는 사람은 C이다.

✡**TIP** 잘하는 순서

ⓐ 수영 : B>C>D

ⓑ 달리기 : D>A>B

12

- 책 읽는 것을 좋아하는 사람은 집중력이 높다.
- 성적이 좋지 않은 사람은 집중력이 높지 않다.
- 미경이는 1학년 5반이다.
- 1학년 5반의 어떤 학생은 책 읽는 것을 좋아한다.

① 미경이는 책 읽는 것을 좋아한다.

② 미경이는 집중력이 높지 않다.

③ 미경이는 성적이 좋다.

④ 1학년 5반의 어떤 학생은 집중력이 높다.

✡**TIP** 1학년 5반의 어떤 학생은 책 읽는 것을 좋아하고, 책 읽는 것을 좋아하는 사람은 집중력이 높으므로 1학년 5반의 어떤 학생은 집중력이 높다는 결론은 반드시 참이 된다.

13

- 봄을 좋아하는 사람은 감성적이다.
- 안개꽃을 좋아하는 사람은 보라색을 좋아하지 않는다.
- 감성적인 사람은 보라색을 좋아한다.

① 보라색을 좋아하는 사람은 감성적이다.

② 봄을 좋아하는 사람은 보라색을 좋아한다.

③ 안개꽃을 좋아하는 사람은 감성적이지 않다.

④ 봄을 좋아하는 사람은 안개꽃을 좋아하지 않는다.

✦ **TIP** 삼단 논법에 따라 정립해보면 'A → B이고, B → C이면, A → C이다.'가 성립한다.
즉 '봄을 좋아하는 사람 → 감성적', '감성적 → 보라색을 좋아한다.'이므로 '봄을 좋아하는 사람 →
보라색을 좋아한다.'가 성립한다.

14

- 반에서 인기가 있는 친구는 얼굴이 예쁘다.
- 공부를 잘하는 친구 중 몇 명은 얼굴이 예쁘다.
- 반장은 공부도 잘하고, 얼굴도 예쁘다.

① 공부를 잘하는 친구 중 몇 명은 인기가 있다.

② 얼굴이 예쁘지 않은 친구는 인기가 없다.

③ 얼굴이 예쁘지 않은 친구는 공부를 잘한다.

④ 공부를 잘하는 친구는 얼굴도 예쁘다.

✦ **TIP** 반에서 인기가 있는 친구는 얼굴이 예쁘다.
→ 얼굴이 예쁘지 않은 친구는 인기가 없다(대우).

15

> • 민규는 지선이보다 포인트가 높다.
> • 지선이는 상훈이와 포인트가 같다.
> • 상훈이는 미정이보다 포인트가 적다.

① 미정이는 지선이보다 포인트가 낮다.
② 민규는 미정이보다 포인트가 높다.
③ 포인트가 가장 높은 사람은 민규이다.
④ 상훈이는 민규보다 포인트가 낮다.

✿ **TIP** 민규는 지선이보다 포인트가 높고 지선이는 상훈이와 포인트가 같으므로, 상훈이는 민규보다 포인트가 낮다는 결론은 참이다.

16

> • 만일 흥부가 놀부보다 돈을 잘 번다면 나는 제비여야 한다.
> • 나는 제비가 아니다.

① 흥부가 놀부보다 돈을 잘 번다.
② 흥부가 놀부보다 돈을 잘 벌지 못 해야 한다.
③ 제비는 놀부이다.
④ 흥부는 제비이다.

✿ **TIP** '만약 A가 B이면 C는 D이다. C는 D가 아니다.
따라서 'A는 B가 아니다.'라는 가언 삼단논법의 형식에 따르면, '흥부가 놀부보다 돈을 잘 벌지 못해야 한다.'라는 결론이 나와야 한다.

👍ANSWER 〉 13.② 14.② 15.④ 16.②

17

- 유동인구가 많은 거리는 사고가 많이 난다.
- 지하철역사 근처는 사고가 많이 난다.
- 행사가 있는 날은 유동인구가 많아진다.

① 행사가 있는 날은 사고가 많이 난다.
② 지하철역사 근처는 유동인구가 많다.
③ 유동인구가 많은 날은 행사가 있다.
④ 지하철역사 근처가 아닌 곳은 사고가 많이 나지 않는다.

✾ **TIP** 행사가 있는 날은 유동인구가 많아진다. → 유동인구가 많은 거리는 사고가 많이 난다.
∴ 행사가 있는 날은 사고가 많이 난다.

18

- A그룹은 V그룹보다 인기가 있다.
- S그룹은 V그룹보다 인기가 없다.
- K그룹은 S그룹보다 인기가 없다.

① A그룹은 S그룹보다 인기가 없다.
② V그룹은 K그룹보다 인기가 없다.
③ S그룹은 A그룹보다 인기가 없다.
④ K그룹은 V그룹보다 인기가 있다.

✾ **TIP** 인기도 순서
A그룹 > V그룹 > S그룹 > K그룹

19

> - 네 사람이 4층짜리 빌라에 살고 있다(단, 한 층에 한 명씩 살고 있다).
> - 존은 미나보다 두 층 위에 산다.
> - 레이첼은 미나보다 한 층 아래에 산다.

① 레이첼은 존보다 두 층 아래에 산다.

② 마이클은 미나보다 한 층 위에 산다.

③ 존은 마이클보다 두 층 위에 산다.

④ 미나는 마이클보다 두 층 아래에 산다.

　✩ **TIP**　1층 : 레이첼, 2층 : 미나, 3층 : 마이클, 4층 : 존

20

> - 개나리를 좋아하는 사람은 감수성이 풍부하다.
> - 진달래를 좋아하는 사람은 예술성이 풍부하다.
> - 감수성이 풍부한 사람은 봄을 탄다.

① 진달래를 좋아하는 사람은 감수성이 풍부하다.

② 예술성이 풍부하지 않은 사람은 개나리를 좋아하지 않는다.

③ 봄을 타지 않는 사람은 개나리를 좋아하지 않는다.

④ 감수성이 풍부하지 않은 사람은 진달래를 좋아하지 않는다.

　✩ **TIP**　개나리 → 감수성 → 봄을 탄다.

21

> 갑작스레 급격한 운동을 하면 몸에 무리가 온다.

① 갑작스레 급격한 운동을 하지 않으면 몸에 무리가 오지 않는다.

② 준비운동을 충분히 하면 몸에 무리가 오는 것을 막을 수 있다.

③ 몸에 무리가 오지 않으려면 갑작스레 급격한 운동을 하지 않아야 한다.

④ 갑작스레 급격한 운동을 하더라도 몸에 무리가 오지 않을 수 있다.

✿ **TIP** 주어진 명제가 참인 경우 그 명제의 대우 명제도 참이므로
'갑작스레 급격한 운동을 하면 몸에 무리가 온다.'의 대우 명제는
'몸에 무리가 오지 않으려면 갑작스레 급격한 운동을 하지 않아야 한다.'이다.

22

> 튤립을 좋아하는 사람은 감성적이다.

① 감성적이지 않은 사람은 튤립을 좋아하지 않는다.

② 튤립을 싫어하는 사람도 감성적일 수 있다.

① 이성적인 사람은 국화를 좋아한다.

④ 대부분의 사람이 튤립을 좋아한다.

✿ **TIP** 주어진 명제가 참인 경우 그 명제의 대우 명제도 참이므로
'튤립을 좋아하는 사람은 감성적이다.'의 대우 명제는
'감성적이지 않은 사람은 튤립을 좋아하지 않는다.'이다.

23

> 사과가 야채라면 고구마는 과일이다.

① 고구마가 야채이면 사과도 야채이다.

② 고구마가 과일이 아니라면 사과는 야채가 아니다.

③ 사과와 고구마는 채소이다.

④ 사과가 과일이면 고구마는 야채이다.

✿ **TIP** 주어진 명제가 참인 경우 그 명제의 대우 명제도 참이므로
'사과가 야채라면 고구마는 과일이다.'의 대우 명제는
'고구마가 과일이 아니라면 사과는 야채가 아니다.'이다.

24

> 강철이 산이면 수은은 바다가 아니다.

① 수은과 강철은 모두 산일 수 있다.
② 강철이 바다이면 수은도 바다이다.
③ 수은이 바다이면 강철은 산이 아니다.
④ 수은이 산이면 강철은 바다이다.

> ✦ **TIP** 주어진 명제가 참인 경우 그 명제의 대우 명제도 참이므로
> '강철이 산이면 수은은 바다가 아니다.'의 대우 명제는
> '수은이 바다이면 강철은 산이 아니다.'이다.

25

> 성실하지 않은 사람은 모두가 싫어한다.

① 모두가 싫어하는 사람은 성실하지 않다.
② 모두가 좋아하는 사람은 성실한 사람이다.
③ 성실한 사람도 모두가 싫어할 수 있다.
④ 성실한 사람은 모두가 좋아한다.

> ✦ **TIP** 주어진 명제가 참인 경우 그 명제의 대우 명제도 참이므로
> '성실하지 않은 사람은 모두가 싫어한다.'의 대우 명제는
> '모두가 좋아하는 사람은 성실한 사람이다.'이다.

ANSWER 〉 21.③ 22.① 23.② 24.③ 25.②

26

> 전제1 : _____ _____
> 전제2 : 어떤 사원은 탁월한 성과를 낸다.
> 결론 : 사전교육을 받은 어떤 사원은 탁월한 성과를 낸다.

① 모든 사원은 사전교육을 받는다.

② 어떤 사원은 사전교육을 받는다.

③ 모든 신입사원은 사전교육을 받는다.

④ 어떤 신입사원은 사전교육을 받는다.

✿ **TIP** '모든 사원은 사전교육을 받는다.'라는 전제가 있어야 결론이 참이 된다.

27

> 전제1 : 시야가 뚜렷한 날엔 비가 오지 않는다.
> 전제2 : _____
> 결론 : 비가 오는 날에는 사고가 많이 난다.

① 시야가 뚜렷하지 않은 날에는 사고가 많이 난다

② 비가 오지 않는 날엔 시야가 뚜렷하다.

③ 시야가 뚜렷한 날엔 사고가 나지 않는다.

④ 시야가 뚜렷하지 않은 날엔 비가 온다.

✿ **TIP** 전제 1의 대우는 '비가 오는 날은 시야가 뚜렷하지 않은 날이다.'이다. 따라서 결론이 참이 되려면 '시야가 뚜렷하지 않은 날엔 사고가 많이 난다.'라는 전제가 있어야 한다.

28

전제1 : 소림사 출신 중 무예를 잘하지 못하는 사람은 없다.

전제2 : _____

결론 : 천승스님은 무예를 잘한다.

① 천승스님은 소림사 출신이 아니다.

② 천승스님은 소림사 출신이다.

③ 천승스님은 무예를 배웠다.

④ 천승스님은 무예를 좋아한다.

✧ **TIP** '소림사 출신 중 무예를 잘하지 못하는 사람은 없다.'는 '소림사 출신의 사람은 모두 무예를 잘한다.'와 같은 의미이므로 필요한 전제는 '천승스님은 소림사 출신이다.'가 된다.

29

전제1 : 이 마을의 어떤 사람은 고기를 먹지 않는다.

전제2 : _____

결론 : 축산업에 종사하는 모든 사람이 고기를 먹는 것은 아니다.

① 이 마을의 모든 사람은 축산업에 종사한다.

② 이 마을의 모든 사람은 축산업에 종사하지 않는다.

③ 이 마을의 어떤 사람은 축산업에 종사한다.

④ 이 마을의 어떤 사람은 축산업에 종사하지 않는다.

✧ **TIP** 이 마을의 어떤 사람은 고기를 먹지 않으므로 마을의 모든 사람이 축산업에 종사한다면 축산업에 종사하는 모든 사람이 고기를 먹는 것은 아니라는 결론이 참이 된다.

30

> 전제1 : 사과를 좋아하는 사람은 멜론을 좋아한다.
> 전제2 : _____
> 결론 : 수박을 좋아하는 사람은 사과를 좋아하지 않는다.

① 멜론을 좋아하는 사람은 수박을 좋아하지 않는다.

② 수박을 좋아하지 않는 사람은 멜론을 좋아하지 않는다.

③ 수박을 좋아하는 사람은 멜론을 좋아한다.

④ 사과를 좋아하지 않는 사람은 수박을 좋아한다.

> ✯ **TIP** 사과(p), 멜론(q), 수박(r)이라 할 때,
> 전제1에서 'p→q'이고 결론이 'r→~p(= p→~r)'이므로 필요한 전제는 'q→~r' 또는 'r→~q',
> 즉 '멜론을 좋아하는 사람은 수박을 좋아하지 않는다.'이다.

31 유치원생들을 대상으로 좋아하는 과일에 대해서 조사한 결과 다음과 같은 자료를 얻었다. 다음 중 유치원생인 지민이가 한라봉을 좋아한다는 결론을 이끌어낼 수 있는 것은 무엇인가?

> ㉠ 귤과 레몬을 모두 좋아하는 유치원생은 한라봉도 좋아한다.
> ㉡ 오렌지와 자몽을 모두 좋아하는 유치원생은 한라봉도 좋아한다.
> ㉢ 유치원생들은 모두 금귤이나 라임 중 하나를 반드시 좋아한다.
> ㉣ 라임을 좋아하는 유치원생은 레몬을 좋아한다.
> ㉤ 금귤을 좋아하는 유치원생은 오렌지를 좋아한다.

① 지민이는 귤과 자몽을 좋아한다.

② 지민이는 오렌지와 레몬을 좋아한다.

③ 지민이는 귤과 오렌지를 좋아한다.

④ 지민이는 금귤과 라임을 좋아한다.

> ✯ **TIP** ㉢에 의해 유치원생들은 모두 금귤이나 라임 중 하나를 반드시 좋아하므로 ㉣㉤에 따라 유치원생은 모두 레몬이나 오렌지 중 하나를 반드시 좋아한다. 따라서 지민이가 귤과 자몽을 좋아하면 지민이는 귤과 레몬을 모두 좋아하거나, 오렌지와 자몽을 모두 좋아하게 되므로 지민이는 한라봉을 좋아한다는 결과를 도출해낼 수 있다.

32 서원중학교 선도부 위원 선거에 A, B, C, D, E, F가 후보로 나섰다. 다음 조건에 따라 선도부 위원은 2명만 뽑힐 때, D가 당선되었다면 나머지 당선자는 누구인가? (단, B는 선도부 위원이 되지 못했다.)

> 〈조건〉
> ㉠ 만약 A가 위원이 된다면, B와 C도 위원이 되어야 한다.
> ㉡ 만약 A가 위원이 되지 않는다면, D가 위원이 되어야 한다.
> ㉢ 만약 B가 위원이 되지 않는다면, E나 F가 위원이 되어야 한다.
> ㉣ 만약 D나 E가 위원이 되면, F도 위원이 되어야 한다.

① B   ② C
③ E   ④ F

✿TIP ㉠ B는 선도부 위원이 될 수 없으므로, A는 위원이 될 수 없다.
　　　 ㉡ D가 위원이 되었으므로 A는 위원이 될 수 없다.
　　　 ㉢ 위원 당선자는 E나 F가 위원이 되어야 한다.
　　　 ㉣ D는 당선되었으므로 F도 위원이 되어야 한다.

33 A, B, C, D, E, F가 S그룹 신입사원 연수에 가서 다음과 같이 방 배정을 받았다. 다음 중 반드시 참인 것은?

> • C와 E의 방은 같은 층에 있고 서로 붙어있지 않다.
> • B는 D의 바로 오른쪽 방이다.
> • F의 옆방 중 적어도 한 개는 빈방이다.
> • A의 방은 203호, C의 방은 101호이다.
> • 방의 구조는 다음과 같다.
>
> 왼쪽 ←
>
> | 201 | 202 | 203 | 204 |
> |-----|-----|-----|-----|
> | 101 | 102 | 103 | 104 |
>
> → 오른쪽

① D와 B는 1층에 배정받았다.
② A의 양옆에는 빈방이 없다.
③ C와 E의 방 사이에는 빈방이 없다.
④ 204호는 빈방이다.

⭐ **TIP** 주어진 조건에서 C와 E의 방은 같은 층에 있고 서로 붙어있지 않으므로 E의 방은 103호 또는 104호이다.

ⓐ E의 방이 103호인 경우 B는 D의 바로 오른쪽 방이므로 201, 202호를 배정받게 된다. 그러나 이렇게 되는 경우 남은 방은 102, 104, 204호인데 F가 이 중 어느 방을 배정받아도 옆방이 빈방일 수가 없으므로 E의 방이 103호인 경우는 성립할 수 없다.

ⓑ E의 방이 104호인 경우 B는 D의 바로 오른쪽 방이므로 102, 103호 또는 201, 202호를 배정받게 된다. 이 경우 다음과 같은 네 가지 방법의 배정이 가능하게 된다.

201	202	203	204
D	B	A	

101	102	103	104
C	F		E

201	202	203	204
D	B	A	

101	102	103	104
C		F	E

201	202	203	204
F		A	

101	102	103	104
C	D	B	E

201	202	203	204
	F	A	

101	102	103	104
C	D	B	E

① D와 B는 2층에 배정받았을 수도 있다.
② 204호는 무조건 비어있으므로 A의 양옆방 중 하나는 반드시 비어있다.
③ D와 B가 2층에 배정받은 경우 C와 E의 방 사이에는 빈방이 하나 있다.

34 A고등학교의 신입교사 기중, 태호, 신혜, 수란, 찬호 다섯 명 중 네 명이 각각 1학년 1, 2, 3, 4 반을 담임을 맡게 된다. 결과에 대해 각자가 예측한 것이 다음과 같고, 이들의 예측 중 한 명의 예측을 제외하고 모두 결과와 일치했을 때, 옳은 것은?

> 기중 : 태호는 3반이 아닌 다른 반의 담임이 될 것이다.
> 태호 : 수란이가 1반의 담임이 될 것이다.
> 신혜 : 태호의 말은 참일 것이다.
> 수란 : 신혜의 예측은 틀렸을 것이다.
> 찬호 : 신혜가 4반의 담임이고, 기중이는 담임을 맡지 않을 것이다.

① 기중은 담임을 맡지 않는다.
② 태호는 1반의 담임이다.
③ 신혜는 3반의 담임이다.
④ 수란은 2반의 담임이다.

✡ **TIP** 신혜의 예측이 거짓이라면 태호의 예측도 거짓이 되므로 신혜와 태호의 예측은 참이고, 신혜의 예측이 틀렸다고 말한 수란의 예측만 거짓이 된다. 수란의 예측을 제외한 다른 사람들의 예측을 표로 나타내면 다음과 같다.

	기중	태호	신혜	수란	찬호
참/거짓	참	참	참	거짓	참
담임	X	2반	4반	1반	3반

35 다음 〈조건〉과 〈정보〉를 근거로 판단할 때 연희가 옷장에 숨어있다면, 참말만 하는 어린이 조합으로 가능한 것은?

〈조건〉
- 가인, 나연, 다혜, 라영, 마순, 연희가 숨바꼭질을 했다.
- 참말만 하는 어린이는 2명이고, 거짓말만 하는 어린이는 3명이다.
- 연희가 숨을 만한 장소는 옷장, 냉장고 뒤, 문 뒤의 3곳 뿐이다.

〈정보〉
- 가인 : 연희는 문 뒤에 숨어 있다.
- 나연 : 여기서 연희가 숨은 장소를 나만 알고 있다.
- 다혜 : 가인은 거짓말을 하고 있다.
- 라영 : 나는 연희가 숨은 장소를 알고 있다.
- 마순 : 연희는 냉장고 뒤에 숨어있다.

① 다혜, 라영
② 나연, 라영
③ 다혜, 마순
④ 가인, 디혜

✦ **TIP** 문제에서 연희가 옷장에 숨어 있다고 했으므로 가인이와 마순이는 거짓말을 하고 있으며, 가인이가 거짓말을 하고 있다는 다혜의 말은 참이 된다. 참말만 하는 어린이가 2명이라고 했으므로 나연이의 말이 거짓말이라면 라영이의 말이 참이 되기 때문에 참말만 하는 어린이 조합으로 ① 이 가능하다.

36 운영팀의 A, B, C와 기획팀의 D, E, F가 찬반토론을 하고 있다. 조건이 다음과 같을 때, 반드시 거짓인 것은? (단, 3명은 찬성, 3명은 반대한다.)

〈조건〉
㉠ D와 E 중 적어도 한 사람은 반대한다.
㉡ B가 찬성하면 C는 반대한다.
㉢ E와 F의 의견은 언제나 같다.
㉣ B가 찬성하면 E와 F도 찬성하고, E와 F가 모두 찬성하면 B도 찬성한다.
㉤ D가 찬성하면 A도 찬성하고, D가 반대하면 A도 반대한다.

① A, B 모두 찬성이다.
② C, D 모두 반대이다.
③ B, E 모두 찬성이다.
④ A, D 모두 반대이다.

A	B	C
반대	찬성	반대
D	E	F
반대	찬성	찬성

37 어느 미팅 자리에서 아래 그림과 같이 1~5번 자리에는 남학생이, 6~10번 자리에는 여학생이 앉았다. 조건에 언급되지 않은 동현이와 가은이의 자리는 어디일까?

〈좌석 배치도〉

남자	1	2	3	4	5
여자	6	7	8	9	10

〈조건〉

• 1번 책상 맞은편 여학생 옆에 앉은 여학생은 지희이다.
• 지희와 수희 사이에는 두 사람이 앉아있다.
• 예은이는 진수 맞은편에 앉는다.
• 진수의 자리가 중앙이 아니라면 재석이가 중앙이다.
• 민준이는 동수 옆에 앉는다.
• 지희의 자리가 중앙이 아니라면 은희가 중앙이다.
• 민준이는 수희 맞은편에 앉는다.

① 동현 – 5번, 가은 – 7번
② 동현 – 4번, 가은 – 10번
③ 동현 – 2번, 가은 – 9번
④ 동현 – 1번, 가은 – 8번

★TIP

남자	1 (진수)	2 (동현)	3 (재석)	4 (동수)	5 (민준)
여자	6 (예은)	7 (지희)	8 (은희)	9 (가은)	10 (수희)

👍ANSWER 〉 35.① 36.① 37.③

38 각기 반이 다른 친구 다섯 명이 있다. 이들은 저마다 좋아하는 운동과 과목을 선택하여 듣는다. 다음 조건을 참고하여 주희의 반과 듣고 있는 운동을 올바르게 연결한 것을 고르시오.

- 스쿼시를 택한 여학생은 대수학을 좋아하고 5반이 아니다.
- 정은이는 3반이고, 혜은이는 달리기를 좋아한다.
- 달리기를 좋아하는 여학생은 2반이다.
- 1반 여학생은 수영을 좋아하고, 진희는 화학을 좋아한다.
- 순이는 4반이고 스쿼시를 좋아하지만 지리는 싫어한다.
- 화학을 좋아하는 여학생은 농구도 좋아한다.
- 생물을 좋아하는 여학생은 달리기도 좋아한다.
- 주희는 역사는 좋아하지만 테니스는 싫어한다.

① 1반 – 수영 　　　　　② 4반 – 스쿼시
③ 3반 – 테니스 　　　　④ 2반 – 달리기

✿ TIP

이름	반	과목	운동
순이	4반	대수학	스쿼시
혜은	2반	생물	달리기
주희	1반	역사	수영
정은	3반	지리	테니스
진희	5반	화학	농구

| 39~40 | 아래의 제시된 조건을 읽고 알맞은 것을 고르시오.

5월에 열린 사내 체육대회의 100m 달리기 순위는 아래와 같다.
- 오과장은 장백기에게 이겼다
- 한석율은 안영이에게 졌다
- 김대리는 장그래에게 졌지만 오과장에게는 이겼다
- 장백기는 안영이에게 이겼지만 김대리에게는 졌다

---

39 달리기가 가장 느린 사람은 누구인가?

① 안영이　　　　　　　　② 한석율
③ 오과장　　　　　　　　④ 장그래

　TIP 제시된 내용을 식으로 만들어보면,
　　　오과장〉장백기, 안영이〉한석율, 장그래〉김대리〉오과장, 김대리〉장백기〉안영이의 순서가
　　　된다.
　　　따라서 이를 순서대로 나열해보면 '장그래〉김대리〉오과장〉장백기〉안영이〉한석율' 이다.
　　　그러므로 달리기가 가장 느린 사람은 한석율이다.

40 오과장보다 달리기가 빠른 사람은 누구인가?

① 장백기, 안영이　　　　　② 한석율, 안영이
③ 김대리, 장그래　　　　　④ 한석율, 김대리

　TIP 오과장보다 달리기가 빠른 사람은 김대리, 장그래이다.

41 민석이와 성찬이는 놀이공원에서 세 가지 놀이기구 롤러코스터, 후룸라이드, 바이킹을 타고 사파리와 퍼레이드를 보고 왔다. 두 사람이 놀이공원에서 논 순서가 다음과 같을 때 옳은 것은?

> - 후룸라이드를 디기 바로 전에 롤러코스터를 탔다.
> - 바이킹을 타는 것보다 전에 사파리를 보고 왔다.
> - 퍼레이드는 저녁을 먹은 후에 봤다.
> - 사파리를 포함해서 세 가지는 저녁을 먹고 난 후에 보거나 탔다.

① 두 사람이 제일 먼저 탄 놀이기구는 롤러코스터이다.
② 퍼레이드를 본 후 사파리를 보았다.
③ 놀이기구 중 가장 마지막에 탄 것은 후룸라이드이다.
④ 저녁을 먹은 직후에 사파리를 보았다.

✿ **TIP** 퍼레이드는 저녁을 먹은 후에 봤고, 사파리를 포함해서 세 가지는 저녁을 먹고 난 후에 보거나 탔으므로 연속으로 탄 후룸라이드와 롤러코스터는 저녁 전에 탔다. 따라서 두 사람이 제일 먼저 탄 놀이기구는 롤러코스터이다. 저녁을 먹고 난 후의 순서는 다음의 세 경우가 있다. (퍼레이드, 사파이, 바이킹), (사파리, 바이킹, 퍼레이드), (사파리, 퍼레이드, 바이킹)

42 다음 명제가 모두 참일 때, 추론할 수 있는 내용으로 옳지 않은 것은?

> ○ 사과 수확량이 감소하면, 사과 가격이 상승한다.
> ○ 사과 소비량이 감소하면, 사과 수확량이 감소한다.
> ○ 사과 수확량이 감소하지 않으면, 사과 주스 가격이 상승하지 않는다.

① 사과 주스의 가격이 상승하면, 사과 가격이 상승한다.
② 사과 가격이 상승하지 않으면, 사과 수확량이 감소하지 않는다.
③ 사과 소비량이 감소하지 않으면, 사과 주스 가격이 상승하지 않는다.
④ 사과 수확량이 감소하지 않으면, 사과 소비량이 감소하지 않는다.

✿ **TIP** ① 사과 주스의 가격이 상승하면 사과 수확량이 감소하고(ⓒ의 대우), 그러면 사과 가격이 상승한다(⊙).
② 사과 가격이 상승하지 않으면 사과 수확량이 감소하지 않는다(⊙의 대우).
④ 사과 수확량이 감소하지 않으면 사과 소비량이 감소하지 않는다(ⓒ의 대우).

43 서원각의 편집팀의 A, B, C, D는 아래의 책상에서 휴식을 취하고 있다. 각자의 진술을 토대로 ㉡에 앉아있는 직원에 대한 설명으로 옳지 않은 것은? (단, A는 동쪽을 보고 있고, D는 휴가이다.)

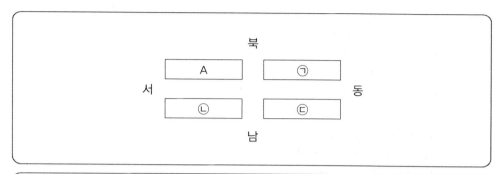

〈진술〉

A : 내 앞의 직원은 남쪽을 바라보고 있고, 오른쪽의 직원은 북쪽을 바라보고 있다.
B : 내 앞의 직원은 휴가이고, 내 오른쪽의 직원은 A이다.
C : 내 뒤의 직원은 오늘 휴가이다.

① ㉡에 앉아있는 직원은 C이다.
② C는 북쪽을 바라보고 있다.
③ C는 B의 남동쪽에 앉아있다.
④ C는 휴가자 자리의 서쪽에 있다.

✖**TIP** B는 ㉠에 앉아있기 때문에 C는 B의 남서쪽에 앉아있다.

44 A, B, C, D가 시장에서 네 종류의 과일을 샀다. 그에 대한 사실이 다음과 같을 때, 추론한 것으로 반드시 참인 것은?

> • A는 사과, C는 포도, D는 딸기를 샀다.
> • B는 귤을 사지 않았다.
> • A가 산 과일은 B도 샀다.
> • A와 C는 같은 과일을 사지 않았다.
> • A, B, C, D는 각각 2종류 이상의 과일을 샀다.

① B는 사과를 사지 않았다.
② B와 C가 공통으로 산 과일이 있다.
③ C는 사지 않았지만 D가 산 과일이 있다.
④ 3명이 공통으로 산 과일은 없다.

✦**TIP** ③ 네 종류의 과일 중 A, B, C, D는 각각 2종류 이상의 과일을 샀고 A와 C는 같은 과일을 사지 않았으므로 A와 C는 각 2종류씩의 과일을 샀다. A는 귤을 사지 않았으므로(B가 사지 않은 과일은 A도 사지 않았다, 세 번째 사실의 대우) C는 포도와 귤을 샀다. C는 딸기를 사지 않았지만 D는 딸기를 샀다. 따라서 ③이 옳은 문장이 된다.

45 갑, 을, 병, 정, 무 다섯 사람은 같은 나라에 사는 귀족과 평민이다. 이 중 두 사람은 귀족이고 세 사람은 평민인데 귀족은 항상 거짓말만하고 평민은 항상 진실만을 말한다. 다음 중 평민인 사람을 모두 고르면?

> 갑 : 정이 평민이면, 병도 평민이다.
> 을 : 병이 귀족이면, 정도 귀족이다.
> 병 : 무가 평민이면, 정도 평민이다.
> 정 : 나는 평민이다.
> 무 : 정은 귀족이다.

① 갑, 을, 병
② 갑, 을, 무
③ 갑, 병, 정
④ 을, 병, 정

✦**TIP** ㉠ 정과 무의 발언이 상반되므로 두 사람의 신분은 다르다.
ⓛ 갑과 을의 발언은 사실상 같은 말이므로 두 사람의 신분은 같다.
ⓒ ㉠과 ⓛ에 의해 갑과 을은 무조건 평민이고 병은 귀족이다.
ⓔ 정이 평민인 경우 갑과 을의 발언에 의해 병도 평민이 되는데 이런 경우 평민이 네 명이 되므로 정은 귀족이다.
∴ 평민은 갑, 을, 무이고, 귀족은 병과 정이다.

46 A그룹은 신입사원 갑동, 을숙, 병준, 정수, 무창과 경력사원 기호, 경덕, 신혜, 임철을 총무부, 개발부, 인사부에 발령을 내리고 한다. 이들을 배치하기 위한 조건이 다음과 같을 때, 인사부에 반드시 배치되는 사람은 누구인가?

- 각 부서에는 반드시 세 명의 사원이 배치되어야 한다.
- 사원 한 명은 반드시 한 부서에 배치되어야 한다.
- 각 부서에는 적어도 한 명의 경력사원이 배치되어야 한다.
- 무창과 기호는 반드시 개발부에 배치되어야 한다.
- 정수가 총무부에 배치되기 위해서는 경덕도 함께 총무부에 배치되어야 한다.
- 을숙과 갑동, 기호는 모두 다른 부서이다.
- 병준과 임철은 반드시 총무부에 배치되어야 한다.
- 신혜는 경덕과 같은 부서에 배치될 수 없다.

---

① 갑동   ② 정수

③ 경덕   ④ 신혜

★ **TIP** ㉠ 을숙, 갑동, 기호는 모두 다른 부서인데 기호가 개발부이고 총무부에 빈자리는 한 자리 밖에 없으므로 총무부에는 을숙이나 갑동이 배치된다.

    ㉡ 신혜와 경덕은 같은 부서에 배치될 수 없는데 개발부에 빈자리는 한 자리 밖에 없으므로 둘 중 한 명이 개발부로 간다.

    ∴ 총무부와 개발부는 세 명이 모두 찼기 때문에 정수가 갈 수 있는 곳은 인사부뿐이다. 을숙과 갑동은 총무부 또는 인사부에 배치되지만 어딘지 확실히 알 수 없고, 신혜와 경덕은 개발부 또는 인사부에 배치되지만 어딘지 확실히 알 수 없다.

47 A, B, C, D가 프리드로우(농구에서 제자리에 서서 공을 골대에 넣는 슛)경기를 했다. 다음의 〈규칙〉과 〈결과〉에 근거할 때, 옳은 것을 고르면?

> 〈규칙〉
> • 한 라운드에 세 번의 기회가 주어지며, 공을 넣는데 성공하거나 세 번의 기회를 다 쓰면 라운드가 종료된다.
> • 첫 시도에서 성공하면 5점, 두 번째 시도에서 성공하면 4점, 세 번째 시도에서 성공하면 3점을 얻게 되며, 세 번째 시도에서도 공을 넣지 못하면 1점으로 처리한다.
> • 총 2라운드를 진행하여 각 라운드에서 얻은 점수를 합산하여 높은 점수를 얻은 참가자 순서대로 우승, 준우승, 3등, 4등이 결정된다.
> • 동점이 나오는 경우 1라운드의 고득점자가 더 높은 순위를 얻게 된다.
>
> 〈결과〉
> 다음은 참가자가 각 라운드 당 공을 던진 횟수이다.
>
> | | A | B | C | D |
> |-------|-----|-----|-----|-----|
> | 1라운드 | 3회 | 1회 | 2회 | 3회 |
> | 2라운드 | 3회 | 3회 | 1회 | 2회 |

① B는 다른 참가자들의 경기결과에 상관없이 준우승이다.
② D가 1라운드에 공을 넣지 못했다면 다른 참가자들의 경기결과에 상관없이 4등이다.
③ A와 B가 같은 점수를 받는다면 더 높은 순위를 얻는 사람은 B이다.
④ C는 우승이 아닐 수도 있다.

⭐**TIP** 주어진 결과로는 한 라운드에 공을 던진 횟수가 3회인 참가자가 3회 차에 공을 넣는데 성공했는지 못했는지 알 수 없으므로 각 참가자가 받을 수 있는 점수는 다음과 같다.

참가자	점수	성공여부
A	2	1, 2라운드 모두 공을 넣지 못한 경우
	4	1, 2라운드 중 한 번만 공을 넣은 경우
	6	1, 2라운드 모두 공을 넣은 경우
B	6	2라운드에 공을 넣지 못한 경우
	8	2라운드에 공을 넣은 경우
C	9	–
D	5	1라운드에 공을 넣지 못한 경우
	7	1라운드에 공을 넣은 경우

③ A와 B가 같은 점수를 받는다면 1라운드 점수가 더 좋은 B가 더 높은 순위를 얻는다.

48 어느 회사에서 8명의 직원이 두 팀으로 나뉘어 프로젝트를 수행하기로 한다. 8명의 직원의 성별과 부서가 〈보기〉와 같을 때, 다음 〈규칙〉에 따라 팀을 편성할 때, 갑과 반드시 같은 팀이 되는 사람은?

〈보기〉
- 인사부 : 갑(여), 을(남)
- 영업부 : A(남), B(남), C(여)
- 총무부 : 가(남), 나(여), 다(여)

〈규칙〉
- 동일 부서의 직원들이 어느 한 팀에만 속하지는 않도록 한다.
- 남자와 여자는 한 팀에 각각 2명씩이어야 한다.
- 동일 부서, 동일한 성별을 가진 직원들은 같은 팀에 속하지 않도록 한다.

① A   ② 다
③ 을   ④ 가

✬ **TIP** 동일 부서의 직원들이 어느 한 팀에만 속하지 않도록 해야 하기 때문에 인사부에 있는 갑과 을은 반드시 다른 팀에 속하도록 해야 하기 때문에 갑과 을을 기준으로 나누어 보면 다음과 같다.

갑(여)	을(남)	
A(남)	B(남)	A, B는 같은 부서, 같은 성이기 때문에 팀 교환 가능
나(여)	다(여)	나, 다는 같은 부서, 같은 성이기 때문에 팀 교환 가능
가(남)	C(여)	

49 다음의 규칙을 통해 5명의 학생회 임원을 선정하려고 한다. 반드시 참인 것은?

> 후보자는 총 8명이고, 회계 후보는 5, 6학년 각각 1명씩이고, 서기 후보는 5학년이 4명, 6학년이 2명이다. 임원 선정의 조건은 다음과 같다.
> ㉠ 회계는 적어도 1명 선정되어야 한다.
> ㉡ 5학년은 4명 이상 선정될 수 없다.
> ㉢ 6학년은 3명이 함께 선정될 수 없다.
> ㉣ 5학년 회계가 선정되면 6학년 서기는 2명 선정되어야 한다.

① 5학년 서기는 3명이 선정된다.
② 6학년 서기는 뽑히지 않을 수도 있다.
③ 서기는 네 명이 아닐 수도 있다.
④ 5학년 회계가 선정되지 않으면 5학년 서기는 3명이 선정된다.

✩**TIP** 주어진 규칙을 적용하면 ㉠에 의해 두 가지의 경우가 생긴다.
  • 5학년 회계가 선정되는 경우 : ㉣에 의해 6학년 서기는 2명이 선정되며, ㉢에 의해 6학년 회계는 선정되지 않는다. 5명의 임원을 선정하므로 5학년 서기는 2명이 선정된다.

회계		서기	
5학년	6학년	5학년	6학년
1명	0명	2명	2명

  • 6학년 회계가 선정되는 경우 : ㉢에 의해 6학년 서기는 선정되지 않거나 1명만 선정 가능하다. 하지만 6학년 서기가 1명도 선정되지 않으면 5학년 임원이 4명이 되어 ㉡의 규칙에 어긋나기 때문에 6학년 서기가 반드시 1명이 선정되며, 다음과 같은 두 가지 경우가 생긴다.

회계		서기	
5학년	6학년	5학년	6학년
1명	1명	2명	1명

또는

회계		서기	
5학년	6학년	5학년	6학년
0명	1명	3명	1명

그러나 첫 번째의 경우 ㉣의 5학년 회계가 선정되면 6학년 서기는 2명 선정되어야 한다는 조건을 만족하지 못하므로 두 번째의 경우만 성립가능하다.

50 다음과 같은 구조를 가진 어느 호텔에 A~H 8명이 투숙하고 있고, 알 수 있는 정보가 다음과 같다. B의 방이 204호일 때, D의 방은? (단, 한 방에는 한 명씩 투숙한다)

a라인	201	202	203	204	205
복도					
b라인	210	209	208	207	206

- 비어있는 방은 한 라인에 한 개씩 있고, A, B, F, H는 a라인에, C, D, E, G는 b라인에 투숙하고 있다.
- A와 C의 방은 복도를 사이에 두고 마주보고 있다.
- F의 방은 203호이고, 맞은 편 방은 비어있다.
- C의 오른쪽 옆방은 비어있고 그 옆방에는 E가 투숙하고 있다.
- B의 옆방은 비어있다.
- H와 D는 누구보다 멀리 떨어진 방에 투숙하고 있다..

① 206호　　② 207호

③ 209호　　④ 210호

TIP 가장 확실한 조건(B는 204호, F는 203호)을 바탕으로 조건들을 채워나가면 다음과 같다.

a라인	201 H	202 A	203 F	204 B	205 빈 방
복도					
b라인	210 E	209 C	208 빈 방	207 G	206 D

∴ D의 방은 206호이다.

ANSWER 〉 49.④ 50.①

04 판단력

CHAPTER

▮1~10▮ 다음에 제시된 내용을 통해 얻을 수 있는 결론의 참, 거짓, 알 수 없음을 판단하시오.

1

〈사실〉
• 과학을 잘하는 사람은 수학을 못한다.
• 사회를 못하는 사람은 과학을 잘한다.
• 영어를 잘하는 사람은 사회를 못한다.

〈결론〉
수학을 잘하는 사람은 영어를 잘한다.

① 참   ② 거짓   ③ 알 수 없음

★ **TIP** 명제의 대우 역시 참이므로,
• 수학을 잘하는 사람은 과학을 못한다.
• 과학을 못하는 사람은 사회를 잘한다.
• 사회를 잘하는 사람은 영어를 못한다.
즉, 수학을 잘하는 사람은 영어를 못한다.

2

〈사실〉
• 노래를 잘하는 사람은 감정이 풍부하다.
• 춤을 잘 추는 사람은 모두가 좋아한다.
• 감정이 풍부한 사람은 모두가 좋아한다.

〈결론〉
노래를 잘하는 사람은 모두가 좋아한다.

① 참   ② 거짓   ③ 알 수 없음

★ **TIP** 노래를 잘하는 사람은 감정이 풍부하고, 감정이 풍부한 사람은 모두가 좋아한다.
따라서 노래를 잘하는 사람은 모두가 좋아한다.

3

〈사실〉
• 술은 음료수가 아니다.
• 모든 사이다는 음료수이다.

〈결론〉
모든 사이다는 술이 아니다.

① 참   ② 거짓   ③ 알 수 없음

☆ **TIP**   첫 번째 조건의 대우는 '음료수는 술이 아니다.'
두 번째 조건에 적용하면, '모든 사이다는 음료수이고, 음료수는 술이 아니다.'
따라서 모든 사이다는 술이 아니다.

4

〈사실〉
• 대우는 유리보다 아이큐가 높다.
• 유리는 민구와 아이큐가 같다.
• 민구는 민지보다 아이큐가 낮다.

〈결론〉
민지는 유리보다 아이큐가 높다.

① 참   ② 거짓   ③ 알 수 없음

☆ **TIP**   민구와 유리가 아이큐가 같고, 민구가 민지보다 아이큐가 낮으므로 ①이 정답이다.

👍 ANSWER 〉 1.②   2.①   3.①   4.①

5

〈사실〉
• 국어를 좋아하는 학생은 영어를 좋아한다.
• 사회를 좋아하는 학생은 국어를 좋아한다.
• 수학을 싫어하는 학생은 사회를 좋아한다.

〈결론〉
영어를 싫어하는 학생은 수학을 싫어한다.

① 참   ② 거짓   ③ 알 수 없음

✿ **TIP**   명제 역시 참이므로,
     • 영어를 싫어하는 학생은 국어를 싫어한다.
     • 국어를 싫어하는 학생은 사회를 싫어한다.
     • 사회를 싫어하는 학생은 수학을 좋아한다.
     영어를 싫어하는 학생은 국어를 싫어하고, 국어를 싫어하는 학생은 사회를 싫어하고, 사회를 싫
     어하는 학생은 학생은 수학을 좋아한다.
     따라서 영어를 싫어하는 학생은 수학을 좋아한다.

6

〈사실〉
• A는 B의 아들이다.
• E와 G는 부부이다.
• F는 G의 손녀이다.
• E는 D의 엄마이다.
• C는 A와 D의 딸이다.

〈결론〉
B는 A의 할머니이다.

① 참   ② 거짓   ③ 알 수 없음

✿ **TIP**   C의 어머니는 A이고, A의 어머니는 B이다.

7

〈사실〉
• 모든 사람은 유쾌하다.
• 모든 성인은 사람이다.
• 모든 개그맨은 성인이다.
• 모든 마음은 건강하다.

〈결론〉
모든 개그맨은 유쾌하다.

① 참   ② 거짓   ③ 알 수 없음

✫ **TIP** 모든 개그맨은 성인이고, 성인은 사람이며, 사람은 유쾌하다.
따라서 모든 개그맨은 유쾌하다.

8

〈사실〉
• 독서를 하면 마음의 양식이 쌓인다.
• 마음의 양식이 쌓인 사람은 상상력이 풍부하다.
• 독서하는 사람은 집중력이 높다.
• 성인은 독서한다.

〈결론〉
성인은 상상력이 풍부하다.

① 참   ② 거짓   ③ 알 수 없음

✫ **TIP** 성인은 독서하고, 독서를 하면 마음의 양식이 쌓이며, 마음의 양식이 쌓인 사람은 상상력이 풍부하다.
따라서 성인은 상상력이 풍부하다.

🖐ANSWER 〉 5.② 6.② 7.① 8.①

9

〈사실〉
• 은주는 서진이보다 달리기 속도가 빠르다.
• 은주와 지현이는 수민이의 달리기 속도보다 빠르다.
• 서진이는 수민이보다 달리기 속도가 느리다.

〈결론〉
은주는 수민이보다 빠르다.

① 참   ② 거짓   ③ 알 수 없음

✦**TIP** 명제를 종합해보면 은주는 서진이보다 빠르고, 서진이는 수민이보다 느리다.
        따라서 은주와 수민이는 비교할 수 없다.

10

〈사실〉
• 4학년 1반 줄다리기 대표선수 A, B, C, D, E, F가 경기를 준비하고 있다.
• E의 앞에는 2명 이상의 사람이 있고 C보다는 앞이다.
• D의 바로 앞에는 B가 있다.
• A의 뒤에는 3명이 있다.
• F는 가장 마지막이다.

〈결론〉
뒤에서 두 번째에 있는 대표선수는 E이다.

① 참   ② 거짓   ③ 알 수 없음

✦**TIP** 위의 조건에 따르면 B, D, A, E, C, F 순서이므로, 뒤에서 두 번째에 있는 사람은 C이다.

∥11~20∥ 주어진 지문을 읽고 다음에 제시된 문장이 참이면 ①, 거짓이면 ②, 주어진 지문으로 알 수 없으면 ③을 선택하시오.

11

> 민속춤에는 주로 농촌에서 농악과 함께 추는 농악춤을 비롯하여 가면을 쓰고 현실에 대한 신랄한 풍자를 드러냈던 탈춤, 주로 여성에 의해 삶의 애환을 노래와 함께 풀어내는 소리춤, 놀이마당에서 사람마다 즉흥적으로 추며 한바탕 어우러지는 허튼춤, 풍자와 해학이 듬뿍 담긴 병신춤 등이 있다. 우리 선조들은 이런 춤을 추면서 공동체의식을 확인하기도 하였다. 이러한 민속춤은 민중의 애환은 물론이고 그들의 꿈과 이상들을 오롯하게 담아내고 있는 것이 특징이다.

11-1 놀이마당에서 사람마다 즉흥적으로 추며 한바탕 어우러지는 소리춤은 민속춤의 일종이다. ① ② ③

11-2 우리 선조들은 민속춤을 추면서 공동체의식을 확인하였다. ① ② ③

11-3 민속춤은 대개 절대자에게 풍요나 안녕을 기원하던 원시종교나 세시풍속에서 비롯된 것이다. ① ② ③

✦ **TIP** 11-1 여성에 의해 삶의 애환을 노래와 함께 풀어내는 것은 소리춤이며, 놀이마당에서 사람마다 즉흥적으로 추는 것은 허튼춤이다.
　　 11-2 보기의 내용은 지문과 일치한다.
　　 11-3 지문에는 이러한 내용이 없다.

12

> 헌법상 예외적으로 특별한 대우가 인정되는 경우도 있다. 정당은 다른 단체보다 존립과 해산에 있어서 특별한 취급을 받는다. 대통령은 그의 직책을 수행하는 동안에는 형사소추를 받지 않는 특권을 가지며, 국회의원은 직무상 행한 발언에 대하여 책임을 지지 않는다. 또한 국가유공자와 상이군경은 취업에서 우선권이 보장된다.

12-1 헌법상 예외적으로 특별한 대우가 인정되는 경우는 없다. ① ② ③

12-2 국회의원은 그의 직책을 수행하는 동안에는 형사소추를 받지 않는 특권을 가지며, 대통령은 직무상 행한 발언에 대하여 책임을 지지 않는다. ① ② ③

12-3 국가유공자와 상이군경은 취업에서 우선권이 보장되지 않는다. ① ② ③

✦ **TIP** 12-1 헌법상 예외적으로 특별한 대우가 인정되는 경우도 있다.
12-2 대통령은 그의 직책을 수행하는 동안에는 형사소추를 받지 않는 특권을 가지며, 국회의원은 직무상 행한 발언에 대하여 책임을 지지 않는다.
12-3 국가유공자와 상이군경은 취업에서 우선권이 보장된다.

13

> 전문계고 출신으로 로봇박사라는 화제 속에 이공계 명문대에 합격했던 대학생의 자살 사건을 접하며 대학의 학생 선발 방식이 제대로 가는가에 대한 반문이다. 입학사정관제는 다양한 배경을 가진 학생을 선발하는 제도로 기회 제공의 공정성을 높일 뿐만 아니라 대학 교육의 발전을 위해서 바람직하다. 그러나 입학사정관제를 통해 증가할 학생들의 학업 수준이 대학교육에 미칠 영향에 대한 점검이 필요한 시점에서 이번 사건이 발생했다. 입학사정관제는 한 줄 세우기 경쟁을 지양한다는 좋은 취지로 시작한 만큼 이번 사건과 인과관계를 지어 생각할 필요는 없다. 다만 공정성, 전문성에 대한 신뢰가 하루아침에 만들어질 수 없다는 점에서 한계가 있고 무엇보다도 충분한 검증과정 없이, 대학 스스로의 필요에 따라 도입된 제도가 아니라는 점에서 부작용의 가능성을 안고 있다.

13-1 입학사정관제는 대학 스스로의 필요에 따라 도입된 제도가 아니다. ① ② ③

13-2 입학사정관제의 취지는 한 줄 세우기 경쟁 강화를 위해 도입되었다. ① ② ③

✦ **TIP** 13-1 입학사정관제가 충분한 검증과정 없이 대학 스스로의 필요에 따라 도입된 제도가 아니라는 점에서 부작용의 가능성을 안고 있다고 지문에 제시되어 있다.
13-2 입학사정관제는 한 줄 세우기 경쟁을 지양한다는 취지를 가진다고 지문에 제시되어 있다.

14

> 나는 우리나라가 세계에서 가장 아름다운 나라가 되기를 원한다. 가장 부강한 나라가 되기를 원하는 것은 아니다. 내가 남의 침략에 가슴이 아팠으니 내 나라가 남을 침략하는 것을 원치 아니한다. 우리의 부력(富力)은 우리의 생활을 풍족히 할 만하고 우리의 강력(强力)은 남의 침략을 막을 만하면 족하다. 오직 한없이 가지고 싶은 것은 높은 문화의 힘이다. 문화의 힘은 우리 자신을 행복하게 하고 나아가서 남에게 행복을 주기 때문이다.
>
> 지금 인류에게 부족한 것은 무력도 아니요, 경제력도 아니다. 자연과학의 힘은 아무리 많아도 좋으나 인류 전체로 보면 현재의 자연과학만 가지고도 편안히 살아가기에 넉넉하다. 인류가 현재에 불행한 근본 이유는 인의가 부족하고 자비가 부족하고 사랑이 부족하기 때문이다. 이 마음만 발달이 되면 현재의 물질력으로 20억이 다 편안히 살아갈 수 있을 것이다. 인류의 이 정신을 배양하는 것은 오직 문화이다.

14-1 지은이는 우리나라가 세계에서 가장 부강한 나라가 되기를 원한다. ① ② ③

14-2 인류가 현재에 불행한 근본 이유는 경제력이 부족하기 때문이다. ① ② ③

14-3 자연과학의 힘은 아무리 많아도 좋으나 인류 전체로 보면 현재의 자연과학만 가지고도 편안히 살아가기에 넉넉하다. ① ② ③

☆**TIP** 14-1 지은이는 우리나라가 세계에서 가장 아름다운 나라가 되기를 원한다.
　　　　14-2 인류가 현재에 불행한 근본 이유는 인의가 부족하고 자비가 부족하고 사랑이 부족하기 때문이다.
　　　　14-3 보기의 내용은 지문과 일치한다.

ANSWER 〉 12-1.② 12-2.② 12-3.② 13-1.① 13-2.② 14-1.② 14-2.② 14-3.①

15

> 근대화는 전통사회의 생활양식에 거의 혁명적인 변화를 가져온다. 특히, 급속한 근대화로 인해 전통사회의 해체과정이 급격해진 만큼 문화도 급격한 변화를 일으킨다. 급격한 생활양식의 변화는 전통사회문화의 해체과정이라고 보아도 무방할 정도이다. 그와 같은 과정에서 전통사회의 문화는 대체로 모든 후진과 낙후의 책임을 둘러쓰게 되고, 봉건의 잔재(殘滓)나 누습(陋習)으로 규탄되는 등 일단은 급속한 해체과정을 밟게 되는 것이 일반적이다.

15-1 근대화 과정에서 전통사회의 문화는 대체로 후진과 낙후의 책임을 지면서 봉건의 잔재(殘滓)나 누습(陋習)으로 규탄된다. ① ② ③

15-2 급격한 생활양식의 변화는 전통사회문화의 해체과정이다. ① ② ③

✫**TIP** 15-1 보기의 내용은 지문과 일치한다. (마지막 문장)
　　　　15-2 보기의 내용은 지문과 일치한다. (세 번째 문장)

16

> 공동체주의에 있어 공동선은 개인의 선호와는 상관없이 공동체 내에 이미 존재해 있는 것이다. 주로 이러한 공동선은 공동체의 전통 안에 이미 각인되어 있다. 예를 들어, 공동체가 가지고 있는 문화구조를 보호할 의무는 이미 공동체가 가지고 있는 공동선 중의 하나이다. 공동체의 구성원들은 이러한 공동선에 비추어 자기들의 선호의 경중을 평가할 수 있게 된다. 그러나 권리 중심의 자유주의자들은 공동선이란 결국 동등하게 간주된 개인의 선호의 집합이라고 생각한다. 이러한 자유주의자들에게는 공동선보다는 공공선의 개념이 보다 적절할 것이다.

16-1 공동체주의자들은 공동선의 개념을 동등하게 간주된 개인의 선호의 집합이라고 생각한다. ① ② ③

16-2 공동선은 개인의 선호와는 상관없이 공동체 내에 이미 존재해 있는 것으로 구성원들은 이것에 비추어 본인들의 선호의 경중을 평가할 수 있다. ① ② ③

✫**TIP** 16-1 공동선의 개념을 동등하게 간주된 개인의 선호의 집합이라고 생각하는 것은 권리 중심의 자유주의자들이다.
　　　　16-2 첫 번째 문장과 네 번째 문장을 통해 알 수 있는 내용이다.

17

> 탐내는 바가 있어서 글을 읽는 자는 아무리 읽어도 깨우침이 없다. 그러므로 과거시험에 합격하기 위해 공부를 하는 자는 입술이 썩고 이빨이 문드러질 지경에 이르도록 글을 읽더라도 막상 글 읽기를 멈추면 마치 소경이 입으로는 희고 검은 것을 말하면서도 정작 희고 검은 것을 알지 못하는 것과 마찬가지의 상태가 된다. 그것은 뜻도 모른 채 귀로 듣고 입으로 좔좔 읊조리려대는 것에 불과하다. 비유컨대 배가 터지도록 음식을 먹고 다시 토해내 버리는 것이 몸에 아무런 도움을 주지 못할 뿐 아니라 마음에도 해를 끼치는 것과 같다.

17-1 어떤 이유에서든 반복적으로 공부를 하는 것은 도움이 되는 일이다.   ① ② ③

17-2 배움의 도리에서 어려운 것은 스승을 존경하는 일이다.   ① ② ③

✡ **TIP** 17-1 '탐내는 바가 있어서 글을 읽는 자는 아무리 읽어도 깨우침이 없다'는 첫 문장 및 문단의
　　　　　전체적 내용으로 볼 때 옳지 않은 지문임을 알 수 있다.
　　　　17-2 주어진 글에서 알 수 없는 내용이다.

18

> 영상 매체에 의한 메시지는 순간적으로 이미지에 대한 감각적인 반응이 수동적으로 이루어지기 때문에 심리적으로나 시간적으로 경제적이다. 이런 점에서 영상 매체는 책이 갖지 않은 장점을 갖고 있다. 그러나 그것은 필연적으로 순간적이고 단편적이며, 따라서 반성적이지 못하고 애매한 상태로 남을 수밖에 없다. 이런 점에서 메시지의 전달은 피상적이다.

18-1 영상 매체에 의한 메시지는 순간적으로 이미지에 대한 감각적인 반응이 자동적으로 이루어지기 때문에 심리적으로나 시간적으로 비경제적이다.   ① ② ③

18-2 영상 매체에 의한 메시지의 전달은 구체적이다.   ① ② ③

✡ **TIP** 18-1 영상 매체에 의한 메시지는 순간적으로 이미지에 대한 감각적인 반응이 수동적으로 이루
　　　　　어지기 때문에 심리적으로나 시간적으로 경제적이다.
　　　　18-2 영상 매체에 의한 메시지의 전달은 피상적이다.

🎓ANSWER 〉 15-1.① 15-2.① 16-1.② 16-2.① 17-1.② 17-2.③ 18-1.② 18-2.②

19

텔레비전은 어른이나 아이 모두 함께 보는 매체이다. 더구나 텔레비전을 보고 이해하는 데는 인쇄 문화처럼 어려운 문제 해득력이나 추상력이 필요 없다. 그래서 아이들은 어른에게서보다 텔레비전이나 컴퓨터에서 더 많은 것을 배운다. 이 때문에 오늘날의 어린이나 젊은이들에게서 어른에 대한 외포나 존경을 찾는 것은 쉽지 않은 일이다. 전통적인 역할과 행동을 기대하는 어른들이 어린이나 젊은이의 불손, 거만, 경망, 무분별한 '반사회적' 행동에 대해 불평하게 되는 것도 이런 이유 때문일 것이다.

19-1 텔레비전은 어른만 보는 매체이다. ① ② ③

19-2 텔레비전은 어려운 문제 해득력이나 추상력이 필요 없다. ① ② ③

19-3 아이들은 텔레비전이나 컴퓨터보다 어른에게서 더 많은 것을 배운다. ① ② ③

19-4 오늘날의 어린이나 젊은이들에게서 어른에 대한 외포나 존경을 찾는 것은 쉽지 않은 일이다.
① ② ③

✿**TIP** 19-1 텔레비전은 어른이나 이이 모두 함께 보는 매체이다.
19-2 보기의 내용은 지문과 일치한다.
19-3 아이들은 어른에게서보다 텔레비전이나 컴퓨터에서 더 많은 것을 배운다.
19-4 보기의 내용은 지문과 일치한다.

20

표준화된 언어는 의사소통을 효과적으로 하기 위하여 의도적으로 선택해야 할 고용어로서의 가치가 있다. 반면에 방언은 지역이나 계층의 언어와 문화를 보존하고 드러냄으로써 국가 전체의 언어와 문화를 다양하게 발전시키는 토대로서의 가치가 있다. 이러한 의미에서 표준화된 언어와 방언은 상호 보완적인 관계에 있다. 표준화된 언어가 있기에 정확한 의사소통이 가능하며, 방언이 있기에 개인의 언어생활에서나 언어 예술 활동에서 자유롭고 창의적인 표현이 가능하다. 결국 우리는 표준화된 언어와 방언 둘 다의 가치를 인정해야 하며, 발화(發話) 상황(狀況)을 잘 고려해서 표준화된 언어와 방언을 잘 가려서 사용할 줄 아는 능력을 길러야 한다.

20-1 표준화된 언어와 방언은 상호 보완적인 관계다. ① ② ③

20-2 표준화된 언어와 방언 둘 다의 가치를 인정해야 하며, 방언을 표준어화 하는 연구를 통해 방언의 효용성을 더욱 높여야 한다. ① ② ③

20-3 방언은 언어 예술 활동에서 자유롭고 창의적인 표현을 가능케 한다. ① ② ③

20-4 정확한 의사소통을 위해서는 표준화된 언어가 필요하다. ① ② ③

✦ **TIP** 20-1 보기의 내용은 지문과 일치한다.
　　　20-2 '방언을 표준화 하는 연구를 통해 방언의 효용성을 더욱 높여야 한다.'는 내용은 지문에 없다.
　　　20-3 보기의 내용은 지문과 일치한다.
　　　20-4 보기의 내용은 지문과 일치한다.

👍ANSWER 〉 19-1.② 19-2.① 19-3.② 19-4.① 20-1.① 20-2.③ 20-3.① 20-4.①

▌21~30 ▌ 다음 문장들을 순서에 맞게 배열한 것을 고르시오.

21

> (가) 음악은 시간 예술이다.
> (나) 즉 반복을 통해 어떤 일이 어떻게 일어났는지를 기억하여 악곡의 전체를 쉽게 파악할 수 있도록 한 것이다.
> (다) 회화나 조각과 같은 공간 예술과는 달리, 음악에서는 시간이 흐르면서 사라지는 음을 기억하기 위한 방법이 필요하다.
> (라) 이 동요에서는 반복되는 선율이 노래를 하나로 묶어주고 있다.
> (마) 이러한 반복의 양상과 효과는 「비행기」와 같은 동요에서도 확인할 수 있다.
> (바) 작곡가들은 그 방법의 하나로 반복을 활용했다.

① (가) – (바) – (나) – (다) – (마) – (라)   ② (가) – (다) – (바) – (나) – (마) – (라)

③ (다) – (나) – (바) – (가) – (마) – (라)   ④ (다) – (바) – (마) – (나) – (가) – (라)

> ✿ **TIP** (가)(다) 글의 도입에 해당한다(음악은 시간 예술이다).
> (바) '그 방법'은 (다)의 사라지는 음을 기억하기 위한 방법을 의미한다.
> (나) (바)에서 제시한 반복을 설명한다.
> (마)(라) 반복의 예시

22

> (가) 곧 사람들은 수용자의 의견과 행동이 미치는 대중 매체의 영향력이 자신보다 다른 사람들에게서 더 크게 나타나리라고 믿는 경향이 있다는 것이다.
> (나) 예를 들어 선거 때 어떤 후보에게 탈세 의혹이 있다는 신문보도를 보았다고 하자.
> (다) 제3자 효과 이론의 핵심은 사람들이 대중 매체의 영향력을 차별적으로 인식한다는 데에 있다.
> (라) 그때 사람들은 후보를 선택하는 데에 자신보다 다른 독자들이 더 크게 영향을 받을 것이라고 여긴다.

① (가) – (나) – (다) – (라)   ② (가) – (라) – (나) – (다)

③ (다) – (가) – (나) – (라)   ④ (다) – (가) – (라) – (나)

> ✿ **TIP** (다) 제3자 효과 이론의 핵심
> (가) 제3자 효과 이론에 대한 세부 설명
> (나)(라) 제3자 효과 이론의 예시

23

> (가) 이 방법은 첨단 기술 산업을 객관적으로 규정해 준다는 점에서 유용하다.
> (나) 기술 수준에 따른 분류 체계의 대표적인 것으로 경제협력개발기구(OECD)의 기준이 있는데, 이 기준은 연구 개발 투자가 많은 산업을 첨단 기술 산업으로 본다.
> (다) 기술 수준을 측정하는 지표로는 기업의 총 매출액 대비 연구 개발 투자액의 비율로 정의되는 '연구 개발 집약도'를 사용하며, 그 평균이 4% 이상이면 그 산업을 첨단 기술 산업으로 분류한다.
> (라) 그러나 산업의 평균을 토대로 하기 때문에 산업 전체로는 첨단 기술 산업이지만 그 안에 얼마든지 저급 기술 기업이 있을 수 있다.

① (가) – (나) – (다) – (라) ② (가) – (라) – (나) – (다)
③ (나) – (라) – (다) – (가) ④ (나) – (다) – (가) – (라)

✿ **TIP** (나) 경제협력개발기구(OECD)의 기준
  (다) 경제협력개발기구의 기준의 지표
  (가) 경제협력개발기구의 기준의 유용성
  (라) 경제협력개발기구의 기준의 단점

24

> (가) 이보다 발달된 차원의 경험적 방법은 관찰이며, 지식을 얻기 위해 외부 자연 세계를 관찰하는 것이다.
> (나) 가장 발달된 것은 실험이며 자연 세계에 변형을 가하거나 제한된 조건하에서 살펴보는 것이다.
> (다) 우선 가장 초보적인 차원이 일상 경험이다.
> (라) 자연과학의 경험적 방법은 세 가지 차원에서 생각해볼 수 있다.

① (가) – (라) – (나) – (다) ② (가) – (나) – (라) – (다)
③ (라) – (다) – (나) – (가) ④ (라) – (다) – (가) – (나)

✿ **TIP** (라) 자연 과학의 경험적 방법에는 세 가지 차원이 있다고 전제하고, (다) 가장 초보적인 차원(일상 경험) → (가) 이보다 발달된 차원(관찰) → (나) 가장 발달된 차원(실험)으로 설명이 전개되고 있다.

☞ANSWER 〉 21.② 22.③ 23.④ 24.④

25

> (가) 원인 하나를 말하자면 마감 직전에 매우 급하게 쓰는 것이었다. 이것은 좋지 않으므로, 이제부터 그만하고 싶다.
>
> (나) 그 이후 그런 겉치레는 그만두기로 했다. 겉치레는 그만두었지만, 알기 힘든 점이 있어서 그 점에 대해서는 생각해 보았다.
>
> (다) 하지만 이해가 되지 않아 스스로 읽어보았다. 정말 알기 힘든 점이 있다. 그럼에도 불구하고 초등학생도 나의 문장은 알기 힘들다고 말할 정도는 아닌 것이다.
>
> (라) 글을 못 쓴다거나 서투르다거나하는 것은 제외하고—이것은 어느 부분까지는 어쩔 수가 없는 것이다. — 알기 힘들게 되는 원인 중 하나만은 분명하게 됐다.
>
> (마) 나의 문장은 알기 힘들다는 말을 들은 적이 있다. 그리고 그것을 겉치레라고 생각한 나도 어느 정도는 긍정한 적이 있다.

① (가) - (나) - (다) - (라) - (마)　　② (나) - (라) - (마) - (다) - (가)

③ (라) - (마) - (다) - (가) - (나)　　④ (마) - (다) - (나) - (라) - (가)

✿ **TIP** (다)와 (마)의 '문장은 알기 힘들다'와 '하지만'으로 (다)와 (마)가 연결되어 있다. (나)는 (다)의 부연 내용이다. (가)와 (라)가 '원인'에서 연결되어 있다는 것을 알 수 있다.

26

> (가) 이는 대중매체가 외래문화의 편향된 수용에 앞장서고 있기 때문이다.
>
> (나) 청소년들 사이에 문화사대주의의 현상이 널리 퍼져 있다.
>
> (다) 따라서 대중매체에서 책임의식을 가지고 올바른 문화관을 전파해야 한다.
>
> (라) 청소년은 어른들보다 새로운 가치에 대한 적응이 빠르므로 대중 매체의 영향을 크게 받는다.

① (나) - (라) - (가) - (다)　　② (나) - (다) - (라) - (가)

③ (가) - (라) - (나) - (다)　　④ (나) - (가) - (라) - (다)

✿ **TIP** 제시된 글은 '청소년들 사이에 문화사대주의 현상'에 대한 문제점을 밝히는 글이다. (나) 청소년들 사이의 문화사대주의 문제(문제제기) → (가) 대중 매체의 편향된 외래문화 수용(원인) → (라) 청소년의 대중문화 수용태도(근거) → (다) 대중 매체의 책임의식 요구(주장)의 구성이다.

27

(개) 피로, 만성피로, 만성피로증후군, 우울증 등은 대단히 흔하고 관심을 가지고 있어야 할 병인데 접하지 않았으면 하는 이름들이다.

(내) 다음으로 중요한 것은 적당한 운동이다. 운동은 상쾌한 기분을 만들어 주고, 지속적인 적절한 운동은 심폐기능을 좋게 한다. 또한 면역기능을 강화시킨다. 운동을 꾸준히 지속적으로 하도록 하는 것은 매우 힘든 일이나, 일단 시작하도록 동기를 부여하고 점진적인 운동 프로그램을 실시해야 한다.

(대) 대다수의 직장인들이 바쁜 일과와 끊임없는 스트레스 및 빈번한 술자리로 시달리고 있다. 살다보면 스트레스 받을 일들이 삶에 재미를 주는 일들보다 훨씬 많다. 이런 생활이 계속되면 건강한 삶을 어렵게 한다. 이러한 여건이 지속되면 만성피로 또는 우울증상이 나타난다.

(래) 이러한 증상이 있으면 어떻게 해야 할까? 휴식이 가장 좋은 치료법이다. 자신이 피로를 느끼지 않고 일을 할 수 있는 상한선의 한계를 알고 욕심 내지 않고 그 한계에서 일을 할 수 있도록 자신을 조절하는 법을 터득해야 한다.

① (개) - (대) - (래) - (내)　　　　② (개) - (래) - (대) - (내)

③ (내) - (래) - (대) - (개)　　　　④ (대) - (개) - (래) - (내)

★ **TIP** 논리적 구조를 맞추기 위해서 주어와 서술어의 구조를 파악하여, 상관관계를 살펴보면 '직장인들이 만성피로 등에 걸릴 위험이 높고→조심을 해야 하므로→수면이 필요하고→또한 운동을 해야 한다'가 되므로 (대)(개)(래)(내)의 순서가 자연스럽다.

28

> (가) 꿀벌은 자기가 벌집 앞에서 날개를 파닥거리며 맴을 돎으로써 다른 벌한테 먹이가 있는 방향과 거리를 알려준다고 한다.
>
> (나) 언어는 사람만이 가지고 있다. 이는 사람됨의 기본조건의 하나가 언어임을 의미하는 것이다.
>
> (다) 사람 이외의 다른 동물들이 언어를 가졌다는 증거는 아직 나타나지 않는다.
>
> (라) 의사전달에 사용되는 수단이 극히 제한되어 있고, 그것이 표현하는 의미도 매우 단순하다.
>
> (마) 그러나 동물의 이러한 의사교환의 방법은 사람의 말에 비교한다면 불완전하기 짝이 없다.

① (가) - (라) - (마) - (나) - (다)　　　② (다) - (가) - (마) - (라) - (나)

③ (라) - (다) - (마) - (나) - (가)　　　④ (마) - (다) - (나) - (가) - (라)

✿ **TIP** (다)는 윗글의 전제가 되고 (가)(마)에서 (가)는 (마)의 '이러한 의사교환의 방법'에 해당하는 예시가 되고, (마)는 (가)의 반론이 된다. (라)는 (마)에 자연스럽게 이어지는 부연설명이고 (나)는 윗글 전체의 결론이 되므로 (다)(가)(마)(라)(나)의 순서가 되어야 한다.

29

> (가) 이 주장을 처음 제기한 사람은 19세기 심리학자인 윌리엄 제임스로 추정된다. 그는 "보통 사람은 뇌의 10%를 사용하는데 천재는 15~20%를 사용한다."라고 말한 바 있다.
>
> (나) 인간은 흔히 자기 뇌의 10%도 쓰지 못하고 죽는다고 한다.
>
> (다) 인류학자 마가렛 미드는 한발 더 나아가 그 비율이 10%가 아니라 6%라고 수정했다. 그러던 것이 1990년대에 와서는 인간이 두뇌를 단지 1% 이하로 활용하고 있다고 했다.
>
> (라) 최근에는 인간의 두뇌 활용도가 단지 0.1%에 불과해서 자신의 재능을 사장시키고 있다는 연구 결과도 제기됐다.
>
> (마) 또 사람들은 천재 과학자인 아인슈타인조차 자기 뇌의 15% 이상을 쓰지 못했다는 말을 덧붙임으로써 이 말에 신빙성을 더한다.

① (가) - (라) - (다) - (나) - (마)　　　② (나) - (마) - (가) - (다) - (라)

③ (나) - (가) - (라) - (마) - (다)　　　④ (라) - (나) - (가) - (다) - (마)

✿ **TIP** (나) 글의 도입 → (마) (나)에 대한 부가설명 → (가) 도입 주장에 대한 추정 → (다)(라) 주장의 확대

30

(가) 우리는 다른 사람이 많은 점에서 자기 자신과 비슷한 방식으로 정신적 경험을 하고 있다고 믿는데, 이 믿음은 다음과 같은 추리에 기초를 두고 있음에 틀림없다.

(나) 누구나 통증과 같은 자기 자신의 정신 상태는 직접적으로 느끼지만, 다른 사람의 정신 상태는 직접적으로 경험할 수 없다.

(다) 다른 사람의 그런 행동은 내 자신이 그런 정신 상태에 있을 때 해온 행동과 비슷하다.

(라) 다른 사람은 생각, 기쁨, 고통, 그 밖의 여러 가지 정신 상태를 실제로 경험하고 있는 것처럼 보이는 행동을 한다.

(마) 따라서 다른 사람의 그런 행동은 내 자신의 경우와 마찬가지로 그들의 정신 상태에 기인한다고 결론 내린다. 이런 방식으로 우리는 자기 자신의 정신 이외에 다른 사람의 정신이 실제로 있다는 것을 사실로 확립하려 한다.

① (가) - (나) - (라) - (다) - (마)
② (나) - (가) - (라) - (다) - (마)
③ (나) - (다) - (가) - (라) - (마)
④ (마) - (다) - (가) - (나) - (라)

★ **TIP** (나)는 글의 도입, (가)는 사람들의 생각에 해당하며, (가)의 '다음과 같은 추리'에 해당하는 것은 (라)이고, (다)의 '그런 행동'은 (라)에서 말한 행동이다. (마)는 글의 결론이다.

31 다음 글을 보고 알 수 있는 내용이 아닌 것은?

> 현재의 특허법을 보면 생명체나 생명체의 일부분이라도 그것이 인위적으로 분리·확인된 것이라면 발명으로 간주하고 있다. 따라서 유전자도 자연으로부터 분리, 정제되어 이용 가능한 상태가 된다면 화학 물질이나 미생물과 마찬가지로 특허의 대상이 인정된다. 그러나 유전자 특허 반대론자들은 생명체 진화 과정에서 형성된 유전자를 분리하고 그 기능을 확인했다는 이유만으로 독점적 소유권을 인정하는 일은 마치 한 마을에서 수십 년 동안 함께 사용해 온 우물물의 독특한 성분을 확인했다는 이유로 특정한 개인에게 독점권을 준 자는 논리만큼 부당하다고 주장한다.

① 현재의 특허법은 자연 자체에 대해서도 소유권을 인정한다.
② 유전자 특허 반대론자는 비유를 이용하여 주장을 펼치고 있다.
③ 유전자 특허 반대론자의 말에 따르면 유전자는 특허의 대상이 아니다.
④ 현재의 특허법은 대상보다는 특허권 신청자의 인위적 행위의 결과에 중점을 둔다.

★ **TIP** 자연 자체에 대해 수유권을 인정하는 것이 아니라 생명체나 일부 분야라도 그것이 인위적으로 분리·확인된 것이라면 발명으로 간주하고 있다.
②③ 마지막 문장을 통해 확인할 수 있다.
④ 첫 번째 문장과 두 번째 문장을 통해 확인할 수 있다.

32 다음 글을 읽고 판단할 수 없는 것은?

> 경제가 회복되고 있다고는 하지만 현재 우리 사회는 고용창출 없는 경제회복을 경험하고 있다. 지리적으로 경제 중심인 수도권에서 멀수록, 또 산업적으로 성장산업에서 멀수록 기업의 수익구조는 물론 관련기업의 근로자 소득도 격차가 급격히 벌어지고 있다. 이와 같이 고용창출 없는 성장, 직업역량 소외집단의 증가, 빈부격차의 심화, 인구 · 가족구조의 변화 등에 대해 종합적이고 창의적인 대응 방안의 하나로 나온 것이 행복한 두루 잔치와 같은 사회적 기업이다. 사회적 기업은 한편으로는 일자리를 필요로 하는 실직계층에 근로기회를 제공하고, 사회서비스를 필요로 하는 취약계층에 필수적인 사회서비스를 공급한다는 점에서 복합적인 효과를 기대할 수 있는 제도인 것이다.
>
> – 중략 –
>
> 행복한 두루 잔치의 경우에도 현재는 나름대로 수익을 가지고 성장해 가고 있다. 하지만 현재 이러한 수익구조를 유지해 주는 가장 큰 힘은 정부가 보전하는 임금 때문이라는 것이 운영자의 얘기였다. 만일 정부의 임금보조가 끊긴다면 음식 값을 올릴 수밖에 없을 것이고, 그 상황에서 사업이 지속가능한지는 자신할 수 없다는 것이다. 결국 사회적 기업의 창업과 지속에는 일정 부분 정부의 역할이 중요한 자리를 차지할 수밖에 없는 것이 현재 상황이다.

① 행복한 두루 잔치는 음식서비스 관련 업체이다.
② 유급 근로자를 고용하여 영업활동을 수행하지 않는다.
③ 취약계층에게 일자리를 제공하고 관련 서비스나 상품을 생산한다.
④ 정부로부터 인증 받은 기업은 각종 지원 혜택을 받을 수 있다.

TIP 사회적 기업은 유급 근로자를 고용하여 영업활동을 수행할 수 있다.

33 다음 글을 읽고 추론한 내용으로 가장 적절한 것은?

> 동이 틀 무렵, 어떤 미국 사람이 페르시아에서 시작된 방식으로 만들어진 침대에 인도에서 유래한 잠옷 차림으로 누워 있다. 그는 잠자리에서 일어나 황급히 욕실로 들어간다. 욕실의 유리는 고대 이집트인들에 의해 발명된 것이고, 마루와 벽에 붙인 타일의 사용법은 서남아시아에서, 도자기는 중국에서, 금속에 에나멜을 칠하는 기술은 청동기 시대의 지중해 지역 장인들에 의해서 발명된 것이다.
>
> 침실로 들어오자마자 옷을 입기 시작한다. 그가 입은 옷은 아시아 스텝 초원 지대의 고대 유목민들의 가죽옷에서 비롯된 것이다. 고대 이집트에서 발명된 처리법으로 제조한 가죽을 고대 그리스에서 전해 온 본에 따라 재단해서 만든 신을 신는다.
>
> 이제 그는 영국에서 발명된 열차를 향해 뜀박질을 한다. 가까스로 열차를 타고 나서, 그는 멕시코에서 발명된 담배를 피우기 위해서 자리에 등을 기댄다. 그리고 그는 중국에서 발명된 종이에다 고대 셈 족이 발명한 문자로 쓰인 기사를 읽는다.

① 문화 변동의 양상은 문화적 다양성을 보여준다.
② 우리의 일상생활은 문화 전파의 산물로 가득 차 있다.
③ 다양한 부분 문화의 형성은 문화의 획일화를 방지한다.
④ 서로 다른 문화가 공존하는 다문화 사회의 힘은 강력하다.

✿ **TIP** 일상생활에 존재하는 모든 것들이 각국에서 발명되거나 전파되어 온 것이라는 내용이 글 전반에 걸쳐 쓰여 있다.

34 다음 글의 논지 전개 방식으로 가장 적절한 것은?

> 언젠가부터 우리 바다 속에 해파리나 불가사리와 같이 특정한 종들만이 크게 번창하고 있다는 우려의 말이 들린다. 한마디로 다양성이 크게 줄었다는 이야기다. 척박한 환경에서는 몇몇 특별한 종들만이 득세한다는 점에서 자연 생태계와 우리 사회는 닮은 것 같다. 어떤 특정 집단이나 개인들에게 앞으로 어려워질 경제 상황은 새로운 기회가 될지도 모른다. 하지만 이는 사회 전체로 볼 때 그다지 바람직한 현상이 아니다. 왜냐하면 자원과 에너지 측면에서 보더라도 이들 몇몇 집단들만 존재하는 세계에서는 이들이 쓰다 남은 물자와 이용하지 못한 에너지는 고스란히 버려질 수밖에 없고 따라서 효율성이 극히 낮기 때문이다.
>
> 다양성 확보는 사회 집단의 생존과도 무관하지 않다. 조류 독감이 발생할 때마다 해당 양계장은 물론 그 주변 양계장의 닭까지 모조리 폐사시켜야 하는 참혹한 현실을 본다. 단 한 마리 닭이 걸려도 그렇게 많은 닭들을 죽여야 하는 이유는 인공적인 교배로 인해 이들 모두가 똑같은 유전자를 가졌기 때문이다. 따라서 다양한 유전 형질을 확보하는 길만이 재앙의 확산을 막고 피해를 줄이는 길이다.
>
> 이처럼 다양성의 확보는 자원의 효율적 사용과 사회 안정에 중요하지만 많은 비용이 들기도 한다. 예를 들어 출산 휴가를 주고, 노약자를 배려하고, 장애인에게 보조 공학 기기와 접근성을 제공하는 것을 비롯해 다문화 가정, 외국인 노동자를 위한 행정 제도 개선 등은 결코 공짜가 아니다. 그럼에도 불구하고 다양성 확보가 중요한 이유는 우리가 미처 깨닫고 있지 못하는 넓은 이해와 사랑에 대한 기회를 사회 구성원 모두에게 제공하기 때문이다.

① 다양성 확보의 중요성에 대해 관점이 다른 두 주장을 대비하고 있다.
② 다양성 확보의 중요성에 대해 유추를 통해 설명하고 있다.
③ 다양성 확보에 대한 분석을 통해 상대방을 설득하고 있다.
④ 다양성이 사라진 사회를 여러 기준에 따라 분류하고 있다.

✻ **TIP** 생태계속에서 다양성이 필요한 상황들을 사회의 상황과 유사성을 빗대어 유추하며 설명하고 있다.
　　※ 유추…두 개의 사물이 여러 면에서 비슷하다는 것을 근거로 다른 속성도 유사할 것이라고 추론하는 것.

35 '틈새 공략을 통한 중소기업의 불황 극복'이라는 주제로 강연을 하려고 할 때, 다음 중 통일성을 해치는 것은?

> ㉠ 전문기관의 발표에 의하면 경기침체로 중소기업 연체율이 계속 상승할 것이라고 한다. ㉡ 국제 유가 상승이 악재로 작용하면서 기업의 원가 상승을 불러일으키고 있다. 불황의 골이 깊어지면서 틈새를 공략, 기업 경쟁력을 강화하기 위해 몸부림치는 업체들이 많아졌다. ㉢ 기술집약형 중소기업인 A는 고급화·전문화를 지향하기 위해 지난 9월부터 세계 최초로 DVD 프론트 로딩 메커니즘 개발사업에 박차를 가하면서 기업의 면모를 쇄신하고 있다. ㉣ 또 향토 기업인 B는 웰빙 문화의 시대적 흐름을 재빨리 파악, 기발한 아이템과 초저가 전략으로 맞서고 있다. 이들을 통해 볼 때 막대한 투자가 필요한 예고된 기술발전 대신 숨겨져 있던 1인치의 틈새를 공략해 시장을 선도하고 있는 작지만 강한 기업이 불황을 이기는 지름길임을 보여준다.

① ㉠
② ㉡
③ ㉢
④ ㉣

TIP ㉢ 고급화·전문화 전략으로 기업의 면모를 쇄신하는 것은 "틈새 공략을 통해 중소기업의 불황을 극복한다."는 주제와 거리가 멀다.

36 다음 글을 읽고 밑줄 친 부분에 들어갈 문장으로 적절한 것은?

> 손가락이 제각각 굵기와 길이가 다른 것은 손의 역할 때문이다. 손가락이 모두 똑같다면 주먹을 쥘 수가 없다. 그런데 이 근본을 무시하고 손가락 중에는 엄지가 최고다. 다른 손가락들은 엄지의 말을 들어야 한다. 그래서 모든 손가락이 엄지 흉내를 내고 스스로 엄지와 동일시하고 그럼 어떻게 될까? 엄지가 될 수 없는 것으로 자기 비하를 하는 손가락이 있다면 어떻게 될까? 아마 손의 기능이 떨어지고 마침내는 불구가 될 것이다. 이렇듯 남자와 여자도 생명의 요구가 서로 다르니 ______________________

① 차이는 있겠지만 차별해서는 안 된다고 생각한다.
② 차별하는 것이 당연하다.
③ 차별은 해야겠지만 차이를 두어서는 안 된다고 생각한다.
④ 그 차이를 무시해도 좋다고 생각한다.

TIP 차이를 인정하고 차별해서는 안 된다는 말이 와야 한다.

37 〈보기〉의 밑줄 친 것 중 주어진 글에서 설명하는 '상징'으로 볼 수 없는 것은?

> 우리가 정의한 커뮤니케이션의 본질은 인간이 상징을 만드는 존재라는 사실이다. 이러한 상징을 만드는 능력 때문에 일상적인 상호작용이 가능하다. 상징은 또한 세대 간에 이루어지는 문화의 전승을 도와준다. 우리들은 상징을 통해 자신의 내적 상태를 다른 사람과 나눈다. 다른 동물들도 커뮤니케이션 과정에 참여할지도 모르나 그 어떤 것도 사람이 지닌 독특한 커뮤니케이션 능력을 갖고 있지 못하다. 수백만 년간의 신체적 진화와 수천 년간의 문화적 진화를 통해 우리 인간은 상징을 만들고, 수신하고, 저장하고, 처리한다. 이 정교한 시스템으로 인해 우리는 무엇인가를 나타내는 상징 – 그것이 소리든지 종이 위의 기호든지 동상, 점자, 동작 또는 그림이든지 간에 – 을 사용할 수 있게 되었다.

> 〈보기〉
>
> 고향을 떠나 서울살이를 하던 K는 고향친구 L의 <u>편지</u>를 받고 급히 고향집으로 향했다. 버스에서 내리자 그립던 고향냄새에 코가 간질거렸다. 마을로 향하는 길에 서있는 오랜 <u>느티나무</u>는 세월을 머금고 그 자리에 그대로 있었고, 벅찬 마음에 그 풍경을 <u>사진</u>으로 찍어 두었다. 그립던 고향집에 들어서자 어머니가 키우던 복순이의 새끼들이 멀뚱히 나를 바라보기에 <u>박수</u>를 치며 불러보았다.

① 편지   ② 느티나무
③ 사진   ④ 박수

★ **TIP** 〈보기〉에서 나타난 편지, 사진, 박수는 인간이 만들어낸 커뮤니케이션을 위한 상징에 해당한다.

38 다음 글의 제목으로 가장 적절한 것은?

> 실험심리학은 19세기 독일의 생리학자 빌헬름 분트에 의해 탄생된 학문이었다. 분트는 경험과학으로서의 생리학을 당시의 사변적인 독일 철학에 접목시켜 새로운 학문을 탄생시킨 것이다. 분트 이후 독일에서는 실험심리학이 하나의 학문으로 자리 잡아 발진을 거듭했다. 그런데 독일에서의 실험심리학 성공은 유럽 전역으로 확산되지는 못했다. 왜 그랬을까? 당시 프랑스나 영국에서는 대학에서 생리학을 연구하고 교육할 수 있는 자리가 독일처럼 포화상태에 있지 않았고 오히려 팽창 일로에 있었다. 또한, 독일과는 달리 프랑스나 영국에서는 한 학자가 생리학, 법학, 철학 등 여러 학문 분야를 다루는 경우가 자주 있었다.

① 유럽 국가 간 학문 교류와 실험심리학의 정착
② 유럽에서 독일의 특수성
③ 유럽에서 실험심리학의 발전 양상
④ 실험심리학과 생리학의 학문적 관계

  ✦ TIP 19세기 실험심리학의 탄생부터 독일에서의 실험심리학의 발선 양성을 설명하고 있는 글이다.

39 다음은 어느 글의 마지막 문단이다. 이 문단 앞에 올 내용으로 가장 적절한 것은?

> 오늘날 우리가 살고 있는 지구는 이른바 세계화와 신자유주의 경제에 따른 국제 분업 체제에 지배되고 있다. 그런데 이 지구는 생태학적으로 보면 사실 폐쇄계나 다름없다. 석유와 같은 지하자원도 언젠가는 고갈될 것이라는 사실을 생각하면 아바나 시민이 경험한 위기는 세계의 모든 도시가 머지않아 직면하게 될 사태의 예고편이라 할 수 있다. 다시 말해 쿠바는 특수한 정치 상황 때문에 지구의 미래를 좀 더 일찍 경험하게 된 것이다.

① 사회주의체제 유지 강화를 위한 쿠바의 노력
② 쿠바 정부와 미국 정부 간의 갈등
③ 자원이 고갈되고 산업시스템이 멈춘 아바나
④ 쿠바의 인권운동가들을 향한 끊임없는 탄압

  ✦ TIP 주어진 문단에서는 지구의 생태학적인 위기에 대해 이야기하고 있고, "아바나 시민이 경험한 위기"가 문단 앞에 나오는 것이 가장 적절하다.

40 다음 두 글에서 공통적으로 말하고자 하는 것은?

> (가) 많은 사람들이 기대했던 우주왕복선 챌린저는 발사 후 1분 13초만에 폭발하고 말았다. 사건조사단에 의하면, 사고원인은 챌린저 주엔진에 있던 O-링에 있었다. O-링은 디오콜사가 NASA로부터 계약을 따내기 위해 저렴한 가격으로 생산될 수 있도록 설계되었다. 하지만 첫 번째 시험에 들어가면서부터 설계상의 문제가 드러나기 시작하였다. NASA의 엔지니어들은 그 문제점들을 꾸준히 제기했으나, 비행시험에 실패할 정도의 고장이 아니라는 것이 디오콜사의 입장이었다. 하지만 O-링을 설계했던 과학자도 문제점을 인식하고 문제가 해결될 때까지 챌린저 발사를 연기하도록 회사 매니저들에게 주지시키려 했지만 거부되었다. 한 마디로 그들의 노력이 미흡했기 때문이다.
>
> (나) 과학의 연구 결과는 사회에서 여러 가지로 활용될 수 있지만, 그 과정에서 과학자의 의견이 반영되는 일은 드물다. 과학자들은 자신이 책임질 수 없는 결과를 이 세상에 내놓는 것과 같다. 과학자는 자신이 개발한 물질을 활용하는 과정에서 나타날 수 있는 위험성을 충분히 알리고 그런 물질의 사용에 대해 사회적 합의를 도출하는 데 적극 협조해야 한다.

① 과학적 결과의 장단점   ② 과학자와 기업의 관계

③ 과학자의 윤리적 책무   ④ 과학자의 학문적 한계

✯**TIP** (가)에서 과학자가 설계의 문제점을 인식하고도 노력하지 않았기 때문에 결국 우주왕복선이 폭발하고 마는 결과를 가져왔다고 말하고 있다. (나)에서는 자신이 개발한 물질의 위험성을 알리고 사회적 합의를 도출하는 데 협조해야 한다고 말하고 있다. 두 글을 종합해보았을 때 공통적으로 말하고자 하는 바는 '과학자로서의 윤리적 책무를 다해야 한다.'라는 것을 알 수 있다.

👍ANSWER ﹥ 38.③   39.③   40.③

05 CHAPTER 응용수리력

1 한 부서에 5명씩 신입 사원을 배치하면 3명이 남고, 6명씩 배치하면 마지막 부서에는 4명보다 적게 배치된다. 부서는 적어도 몇 개인가?

① 2개   ② 6개

③ 9개   ④ 10개

> ✦**TIP** 부서의 수를 x라 하면 전체 신입 사원은 $5x+3$이다. $(5x+3)-6(x-1) < 4$이므로 $x > 5$가 된다. 따라서 부서는 적어도 6개 있다.

2 꽃다발 한 개에 장미를 4송이씩 넣으면 6송이가 남고, 5송이씩 넣으면 하나의 꽃다발에는 장미의 개수가 모자란다. 꽃가게에서 주문 받은 꽃다발은 최소 몇 개인가?

① 5개   ② 6개

③ 7개   ④ 8개

> ✦**TIP** 주문받은 꽃다발의 수를 x라 하면 장미꽃은 $(4x+6)$송이이고, 5송이씩 넣었을 때 마지막 꽃다발의 장미는 4송이 이하다.
> $4x+6 \le 5(x-1)+4$이므로, 주문 받은 꽃다발은 최소 7개이다.

3 어느 자격증 시험에 응시한 남녀의 비는 4 : 3, 합격자의 남녀의 비는 5 : 3, 불합격자 남녀의 비는 1 : 1이다. 합격자가 160명일 때, 전체 응시 인원은 몇 명인가?

① 60명   ② 180명

③ 220명   ④ 280명

> ✦**TIP** 불합격 남자 x, 불합격 여자 x, 합격 남자는 100명, 합격여자는 60명
> $(100+x) : (60+x) = 4 : 3$, $\therefore x = 60$
> 따라서 전체 응시 인원은 $160+120 = 280$(명)이다.

4 채용시험의 상식테스트에서 정답을 맞히면 10점을 얻고, 틀리면 8점을 잃는다. 총 15개의 문제 중에서 총점 100점 이상 얻으려면 최대 몇 개의 오답을 허용할 수 있는가?

① 1개　　　　　　　　　　② 2개

③ 3개　　　　　　　　　　④ 4개

　　✩ **TIP** 오답의 허용 개수를 x라 하면,
　　　　　$10(15-x)-8x \geq 100 \quad x \leq 2.7$
　　　　　따라서 최대 2개까지만 오답을 허용할 수 있다.

5 사무실의 적정 습도를 맞추는데, A가습기는 16분, B가습기는 20분 걸린다. A가습기를 10분 동안만 틀고, B가습기로 적정 습도를 맞춘다면 B가습기 작동시간은?

① 6분 30초　　　　　　　　② 7분

③ 7분 15초　　　　　　　　④ 7분 30초

　　✩ **TIP** B가습기 작동 시간을 x라 하면
　　　　　$\dfrac{1}{16} \times 10 + \dfrac{1}{20}x = 1$
　　　　　$\therefore x = \dfrac{15}{2}$
　　　　　따라서 7분 30초가 된다.

6 민수, 영민, 은희는 저녁을 같이 먹었는데 식사를 마친 후 민수가 식사비의 $\frac{3}{5}$ 을, 영민이가 그 나머지의 $\frac{1}{7}$ 을, 은희가 그 나머지를 계산하였는데 은희가 3,600원을 냈다면 저녁식사비는 얼마인가?

① 10,000원   ② 10,500원

③ 12,000원   ④ 12,500원

> ✰ **TIP** 저녁식사비를 A라 할 때 각자 낸 금액은
> ㉠ 민수 : $\frac{3}{5}A$
> ㉡ 영민 : $(A - \frac{3}{5}A) \times \frac{1}{7}$
> ㉢ 은희 : $A - \left\{ \frac{3}{5}A + (A - \frac{3}{5}A) \times \frac{1}{7} \right\}$
> 은희가 낸 금액은 3,600원이므로
> $\frac{12}{35}A = 3,600$, $A = 10,500$(원)

7 A군은 매분 80m, B군은 매분 70m 속도로 3km 떨어진 지점으로부터 동시에 서로를 향해 걸어 나가기 시작했다. 두 사람은 몇 분 후에 만나게 될까?

① 10분 후   ② 15분 후

③ 20분 후   ④ 25분 후

> ✰ **TIP** 두 사람은 매분 $(80+70)$m씩 가까워진다.
> $3,000 \div 150 = 20$(분)

8 현재 철수는 영희보다 5살이 더 많다. 3년 전에 철수의 나이는 영희의 두 배였다. 철수의 현재 나이는?

① 9살   ② 10살

③ 12살   ④ 13살

✡ **TIP** 영희의 현재 나이를 x라 하면, 철수의 현재 나이는 $x+5$이다.

3년 전에 영희의 나이는 $x-3$, 철수의 나이는 $x+5-3$

$2(x-3)=x+5-3$

$2x-6=x+2$

$x=8$

따라서 철수의 현재 나이는 $8+5=13$(살)이다.

9 3%의 소금물 800g에서 몇 g의 물을 증발시켜야 5%의 소금물을 만들 수 있는가?

① 240g   ② 270g

③ 320g   ④ 360g

✡ **TIP** 3%의 소금물 800g에 든 소금의 양 : $\dfrac{3}{100}\times800=24$(g)

$\dfrac{24}{800-x}\times100=5$

$2,400=4,000-5x$

$5x=1,600$

$\therefore x=320$

10 꽃집을 운영하는 정순이는 꽃병에 꽃을 꽂으려고 한다. 꽃병 하나에 꽃 12송이씩 꽂으면 11송이가 남고 14송이씩 꽂으면 7송이가 부족하다. 꽃은 총 몇 송이인가?

① 118 ② 119
③ 120 ④ 121

✩ **TIP** 꽃병 수를 x라 하면
$12x + 11 = 14x - 7$
$x = 9$
x를 주어진 식에 대입하면
꽃 송이는 총 119송이다.

11 티셔츠는 한 장에 7,000원, 손수건은 한 장에 1,000원에 판매하는 할인점이 있다. 티셔츠와 손수건을 합하여 10장을 사고, 금액이 30,000원 이상 34,000원 이하가 되게 하려고 한다. 살 수 있는 티셔츠의 최대 개수는?

① 4장 ② 5상
③ 6장 ④ 7장

✩ **TIP** 티셔츠의 개수를 x, 손수건의 개수를 y라 하면, $x + y = 10$
$30,000 \leq 7,000x + 1,000y \leq 34,000$
$30 \leq 7x + y \leq 34$
$30 \leq 6x + 10 \leq 34$ ($\because y = 10 - x$)
$3.XX \leq x \leq 4$
그러므로 티셔츠의 최대 개수는 4장이다.

12 두 개의 주사위 A, B를 동시에 던질 때, 나오는 두 눈의 합이 3 또는 8이 될 확률은?

① $\dfrac{5}{36}$ ② $\dfrac{7}{36}$
③ $\dfrac{9}{36}$ ④ $\dfrac{11}{36}$

✩ **TIP** 모든 경우의 수는 36가지이다.
두 눈의 합이 3이 나오는 경우는 (1,2), (2,1) 두 가지이고,
두 눈의 합이 8이 나오는 경우는 (2,6), (3,5), (4,4), (5,3), (6,2) 다섯가지이다.
따라서 $\dfrac{7}{36}$ 이다.

13 30%의 소금물 120g과 40%의 소금물 80g을 섞으면 몇 %의 소금물이 되는가?

① 32%   ② 33%

③ 34%   ④ 35%

✎ **TIP**   30% 소금물 120g에 들어있는 소금의 양은 $120 \times 0.3 = 36$(g)

40% 소금물 80g에 들어있는 소금의 양은 $80 \times 0.4 = 32$(g)

섞었을 때 농도는 $\dfrac{36+32}{120+80} \times 100 = \dfrac{68}{200} \times 100 = 34$(%)이다.

14 가로의 길이가 세로의 길이보다 4㎝ 더 긴 직사각형이 있다. 이 직사각형의 둘레가 28㎝일 때 세로의 길이는?

① 4㎝   ② 5㎝

③ 6㎝   ④ 7㎝

✎ **TIP**   직사각형의 둘레는 가로의 길이 × 2 + 세로의 길이 × 2이다.

세로의 길이를 x라고 가정할 때 가로의 길이는 $x+4$이고, 둘레는 $2 \times (x+4) + (2 \times x)$이므로

$4x + 8 = 28$

따라서 x는 5이다.

15 구멍이 나서 물이 새는 통이 있다. 처음에 20ℓ의 물이 있었는데, 1시간이 지나자 15ℓ밖에 남지 않았다. 그 후 2시간이 더 지났을 때의 물의 양은?

① 5ℓ   ② 6ℓ

③ 7ℓ   ④ 8ℓ

✎ **TIP**   시간당 새는 물의 양은 $\dfrac{\text{새어 나간 물의 양}}{\text{그 동안의 시간}}$ 으로 볼 수 있다.

시간당 새는 물의 양 $= \dfrac{20-15}{1} = 5$이고 이미 물이 15ℓ가 된 후에서 2시간이 더 지난 것이므로

$15 - (5 \times 2) = 5$이다. 따라서 남은 물의 양은 5ℓ이다.

16 어떤 학원의 지난해 학생 수는 230명이었다. 올해에는 지난해에 비해 남학생은 15% 증가하고, 여학생은 6% 감소하여 전체 학생 수는 3명이 증가하였다. 올해 여학생 수는?

① 122명   ② 126명

③ 133명   ④ 141명

    ✦**TIP** 지난해 남학생의 수를 x, 여학생의 수를 y라 하면, $x + y = 230$

$1.15x + 0.94y = 233$

$1.15(230 - y) + 0.94y = 233$

$264.5 - 1.15y + 0.94y = 233$

$0.21y = 31.5$

$\therefore y = 150$

올해 여학생의 수는 $150 - 9 = 141$(명)이다.

17 항공사에서 출발지와 도착지를 표기한 비행기표를 만들려고 한다. 20개의 공항을 대상으로 한다면 항공사에서 마련해야 할 비행기표의 종류는 몇 가지인가?

① 350가지   ② 380가지

③ 410가지   ④ 450가지

    ✦**TIP** 20개의 공항에서 출발지와 도착지를 정하는 방법은

$_{20}P_2 = 20 \times 19 = 380$(가지)

18 0, 1, 2, 3, 4, 5 중의 다른 4개의 숫자를 사용하여 4자리의 수를 만들 때 5의 배수는 몇 개인가?

① 106개   ② 107개

③ 108개   ④ 109개

    ✦**TIP** 5의 배수

        ㉠ □□□0의 형태

           0을 제외한 나머지 숫자에서 3개를 택하는 방법의 수는 $_5P_3$

           $_5P_3 = 5 \times 4 \times 3 = 60$

        ㉡ □□□5의 형태

           천의 자리에 0이 올 수 없으므로 올 수 있는 수는 1, 2, 3, 4의 4가지, 천의 자리가 선택되면 나머지 수에서 2개를 뽑는 것이므로 $_4P_2$

           $4 \times {_4P_2} = 4 \times 4 \times 3 = 48$

        $\therefore 60 + 48 = 108$(개)

19 똑같은 짐 14개가 있다. 창수는 한 차례에 짐을 2개 혹은 3개씩 운반할 수 있다. 이 짐을 모두 운반하는 방법의 수는? (단, 운반할 때 1개만을 가지고 가는 일은 없다.)

① 10

② 15

③ 21

④ 25

※**TIP** 짐 2개를 운반하는 횟수를 a, 3개를 운반하는 횟수를 b라고 하면 $2a+3b=14$

이것을 만족시키는 순서쌍 자연수 $(a, \, b)$는 $(a, \, b)=(7, \, 0), \, (4, \, 2), \, (1, \, 4)$

따라서 운반하는 방법의 수는

$$\frac{7!}{7!}+\frac{6!}{4!2!}+\frac{5!}{1!4!}=1+15+5=21$$

20 직원 5명이 출장을 가서 숙소를 예약한다. 방은 1인실, 2인실, 3인실이 각각 하나씩 있고 빈방이 있을 수도 있다. 직원을 배치하는 경우의 수를 구하면?

① 30가지

② 40가지

③ 50가지

④ 60가지

※**TIP** ㉠ 1인실이 빈방일 경우

5명이 2, 3인실에 모두 들어간다. 따라서 5명 중 2명이 방을 고르면 나머지는 선택할 수 없고, 3인실에 가야한다.

$_5C_2=10$

㉡ 1인실이 빈방이 아닌 경우

5명 중에 한 명은 1인실에 들어가야 한다.

$_5C_1=5$

나머지 4명 중에 2인실, 3인실에 나뉘어 들어가면 가능한 경우의 수는 $(2, \, 2), \, (1, \, 3)$이다.

따라서 $_4C_2+_4C_1=10$

1인실이 빈방이 아닐 경우는 $5\times10=50$

따라서 $10+50=60$이다.

21 남자 4명, 여자 5명, 총 9명에서 2명의 위원을 선출할 때, 둘 다 여자가 되는 확률은?

① $\dfrac{2}{16}$

② $\dfrac{5}{18}$

③ $\dfrac{8}{21}$

④ $\dfrac{7}{25}$

✦**TIP** 9명에서 2명을 뽑을 방법의 수는 $_9C_2$, 여자 5명에서 2명을 뽑을 방법의 수는 $_5C_2$이다.

$$\therefore \frac{_5C_2}{_9C_2} = \frac{10}{36} = \frac{5}{18}$$

PLUS tip ....

확률

사건 A가 일어날 수학적 확률을 $P(A)$라 하면

$$P(A) = \frac{A\text{에 속하는 근원사건의 개수}}{\text{근원사건의 총 개수}}$$

임의의 사건 A, 전사건 S, 공사건 ϕ 이라면

$0 \le P(A) \le 1$, $P(S) = 1$, $P(\phi) = 0$

22 토너먼트 방식의 대통령배 청소년 농구대회에 16개 팀이 참가하고 있다. 참가한 A팀이 매번 시합에서 이길 확률이 언제나 0.7이라면 A팀이 우승할 확률은? (단, 소수 셋째자리에서 반올림)

① 0.11

② 0.24

③ 0.36

④ 0.47

✦**TIP** 토너먼트 방식에 의하면 경기를 진행하면 A팀은 우승까지 4번의 경기를 하게 된다(16강, 8강, 4강, 결승).

우승확률 $= 0.7 \times 0.7 \times 0.7 \times 0.7 \fallingdotseq 0.24$

23 비가 온 다음날 비가 올 확률은 $\frac{2}{3}$이고, 비가 안 온 다음 날 비가 올 확률은 $\frac{1}{4}$이다. 어제 비가 왔다면, 내일 비가 올 확률은?

① $\frac{19}{36}$ 　　　　　　② $\frac{27}{36}$

③ $\frac{1}{4}$ 　　　　　　④ $\frac{7}{36}$

✿ TIP

오늘 ＼ 내일	비가 옴	비가 안 옴
비가 옴	$\frac{2}{3}$	$\frac{1}{3}$
비가 안 옴	$\frac{1}{4}$	$\frac{3}{4}$

어제 비가 왔고, 내일 비가 오는 경우는 오늘 비가 오는 경우와, 비가 오지 않는 경우 두 가지가 있다.

어제	오늘	내일
비가 옴	비가 옴	비가 옴
	비가 안 옴	

㉠ 오늘 비가 오는 경우 : $\frac{2}{3} \times \frac{2}{3} = \frac{4}{9}$

㉡ 오늘 비가 안 오는 경우 : $\frac{1}{3} \times \frac{1}{4} = \frac{1}{12}$

두 가지 경우를 더하면, $\frac{4}{9} + \frac{1}{12} = \frac{19}{36}$ 이다.

24 길이가 192cm인 철사를 이용하여 겹치지 않게 정삼각형과 정사각형을 만들려고 한다. 한변의 길이가 4cm인 정삼각형을 6개 만들고, 남은 철사를 이용하여 한변의 길이가 3cm인 정사각형을 만들려고 한다. 정사각형은 몇 개까지 만들 수 있는가?

① 9개 　　　　　　② 10개

③ 11개 　　　　　　④ 12개

✿ TIP 만들려고 하는 정사각형의 수를 x라 하면
$(4 \times 3 \times 6) + (3 \times 4 \times x) = 192$
$12x = 120$
$\therefore x = 10$

👍ANSWER 〉 21.② 22.② 23.① 24.②

25 반지름이 3cm인 쇠공을 녹여 반지름이 9cm인 쇠공을 만들려고 한다. 몇 개의 쇠공이 필요하겠는가? (단, 쇠공을 녹일 때 손실은 없다)

① 3개

② 9개

③ 27개

④ 81개

✫ **TIP** 구의 부피는 $\frac{4}{3}\pi r^3$ (r : 반지름)이다.

$x \times \frac{4}{3}\pi \times 3^3 = \frac{4}{3}\pi \times 9^3$ (x : 반지름이 3cm인 쇠공의 개수)

$\therefore x = \frac{9^3}{3^3} = 3^3 = 27$(개)

26 일정한 속력으로 달리는 어떤 열차가 길이가 200m인 터널을 완전히 빠져 나오는 데 60초가 걸리고 같은 속력으로 470m인 다리를 완전히 건너는 데 120초가 걸린다고 한다. 이 열차의 길이와 속력을 구하면?

	기차 길이	속력
①	60m	4m/s
②	60m	4.5m/s
③	70m	4.5m/s
④	70m	4m/s

✫ **TIP** 기차의 길이를 x라 하면, 기차의 속력은 같으므로

$\frac{200+x}{60} = \frac{470+x}{120}$

$24,000 + 120x = 28,200 + 60x$

$60x = 4,200$

$\therefore x = 70\text{m}$

기차의 길이 70m를 $\frac{200+x}{60}$ 에 대입하면

기차의 속력은 $4.5m/s$

27 현재 형은 2,500원, 동생은 4,000원을 예금하고 있다. 다음 달부터 매월 형은 500원씩, 동생은 200원씩 저금한다면 몇 개월 후부터 형이 동생보다 예금한 돈이 많아지는가?

① 5개월

② 6개월

③ 7개월

④ 8개월

✧ **TIP** $2,500 + 500x > 4,000 + 200x$

$300x > 1,500$

$\therefore x > 5$

6개월 후부터 형이 동생보다 예금한 돈이 많아진다.

28 제3항이 6이고 제7항이 96인 등비수열의 첫째항과 공비를 구하면?

① 첫째항 $\dfrac{3}{2}$, 공비 ± 3

② 첫째항 $\dfrac{2}{3}$, 공비 ± 2

③ 첫째항 $\dfrac{2}{3}$, 공비 ± 3

④ 첫째항 $\dfrac{3}{2}$, 공비 ± 2

✧ **TIP** 첫째항을 a, 공비를 r 라 하면

$a_3 = ar^2 = 6$ ......㉠

$a_7 = ar^6 = 96$ ......㉡

㉡÷㉠에서 $r^4 = 16$

$\therefore r = \pm 2$

㉠에 대입하면 $a = \dfrac{3}{2}$

29 2자리의 정수 중 9의 배수의 총합은 얼마인가?

① 585

② 590

③ 595

④ 600

✧ **TIP** 2자리 정수의 9의 배수의 개수는 $100 \div 9 - 1 = 10$

첫 항이 18, 마지막 항이 99가 되므로

$S_n = \dfrac{10(18 + 99)}{2} = 585$

30 첫째 항 2, 공차가 4인 등차수열의 합을 구하는데 100에 가장 가까운 수는 몇 항까지의 합인가?

① 3항
② 7항
③ 9항
④ 12항

✡ **TIP** $S_n = \dfrac{n\{2 \times 2 + (n-1) \cdot 4\}}{2} = 2n^2$, $2n^2 = 100$이라 가정하면

$n = 7. \times\times\times \cdots$이므로 $n = 7$일 때 가장 가깝다.

$\therefore S_7 = 2 \times 49 = 98$

31 어떤 배가 40km 강을 거슬러 올라갈 때는 5시간이 걸리고, 내려올 때는 2시간이 걸렸다. 강물의 속력은?

① 5km
② 6km
③ 7km
④ 8km

✡ **TIP** 배의 속력을 x라 하고, 강물의 속력을 y라 할 때 거리=속력×시간이므로

$\begin{cases} 5(x-y) = 40 \\ 2(x+y) = 40 \end{cases}$ 으로 놓고 풀어야 한다.

첫 번째 식을 풀면 $x - y = 8$이고 두 번째 식을 풀면 $x + y = 20$

강물의 속력 $y = 6$이다.

32 아버지의 월소득에서 $\dfrac{1}{7}$을 집세를 지불하는데 쓰고, 그 나머지의 $\dfrac{2}{6}$을 생활비로 썼다. 그리고 남은 돈 200만원을 저축하였다. 아버지의 월소득은 얼마인가?

① 330만원
② 340만원
③ 350만원
④ 360만원

✡ **TIP** 월소득에서 $\dfrac{1}{7}$의 집세를 지불하고 나머지 $\dfrac{6}{7}$ 중에서 $\dfrac{2}{6}$를 생활비로 쓴 것이므로, $\dfrac{6}{7} \times \dfrac{2}{6} = \dfrac{2}{7}$

가 생활비로 지출한 부분이다. 집세+생활비$= \dfrac{1}{7} + \dfrac{2}{7} = \dfrac{3}{7}$이고, 나머지 $\dfrac{4}{7}$가 200만원이다.

$\dfrac{4}{7} : 200 = 1 : x$

따라서 월소득은 350만원이다.

33 그림처럼 △ABC의 ∠B, ∠C의 2등분선의 교점을 D로 한다. ∠A=54°일 때, ∠BDC의 크기는?

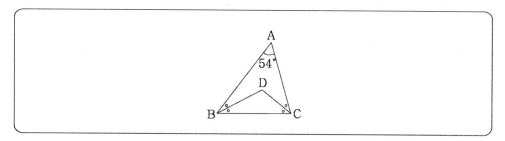

① 100° ② 112°

③ 117° ④ 120°

⭐ **TIP** 삼각형 내각의 합이 $180°$ 이므로 $∠ABC+∠ACB=180°-54°=126°$

$∠DBC$와 $∠DCB$는 이분각이므로 $∠DBC+∠DCB=\dfrac{1}{2}\times126°=63°$

$∴ ∠BDC=180°-63°=117°$

34 상자에 인형을 6개씩 담으면 인형이 6개가 남고, 9개씩 담으면 상자 2개가 남는다고 한다. 이 때 상자의 개수는 몇 개인가?

① 7개 ② 8개

③ 9개 ④ 10개

⭐ **TIP** 상자의 개수를 x라 하면,

$6x+6=9(x-2)$

$6x+6=9x-18$

$24=3x$

$∴ x=8$

35 다음 그림에서 정사각형 세 개의 면적을 각각 a, b, c라 할 때 $\left\{\dfrac{c}{(a+b)}\right\}^3$의 값을 구하면?

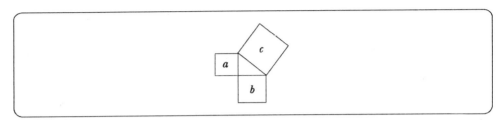

① 1
② 2
③ 3
④ 4

⭐ **TIP** a의 한 변의 길이를 3이라 가정하면, 정사각형 안쪽의 삼각형은 직각삼각형이므로 b의 한 변을 4, c의 한 변을 5라고 생각할 수 있다(피타고라스 정리 이용).
면적은 $a = (3)^2$, $b = (4)^2$, $c = (5)^2$이 되므로
$$\left(\frac{c}{a+b}\right)^3 = \left(\frac{25}{9+16}\right)^3 = 1$$

36 순희가 500원짜리 볼펜과 300원짜리 수성 사인펜을 사는데 9,000원을 지불하였고 볼펜과 수성 사인펜을 합해서 모두 20자루를 샀다면 볼펜은 몇 자루를 산 것인가?

① 12자루
② 13자루
③ 14자루
④ 15자루

⭐ **TIP** 볼펜 x자루, 수성 사인펜을 y자루 샀다고 하면,
$x + y = 20$
$500x + 300y = 9,000$
$\therefore x = 15$

37 가로의 길이가 120cm, 세로의 길이가 104cm인 직사각형 모양의 벽에 가능한 큰 정사각형 모양의 타일을 빈틈없이 붙이려고 할 때, 타일의 한 변의 길이는 몇 cm인가?

① 6cm
② 7cm
③ 8cm
④ 9cm

TIP 120과 104의 최대공약수는 8이다. 따라서 필요한 타일의 한 변의 길이는 8cm이다.

38 어느 회사의 적성검사는 언어와 수리 두 영역이 있다고 한다. 수현이는 작년에 두과목 평균 85점을 맞았다. 올해도 지원하여 적성검사를 치룬 결과 언어점수는 작년에 비해 20% 오르고 수리점수는 10% 떨어져서 두 과목 평균점수가 작년에 비하여 3.5점 올랐다. 수현이의 올해 수리점수는 몇 점인가?

① 80점
② 81점
③ 82점
④ 83점

TIP 수현이의 작년 언어 점수를 x라 하고, 작년 수리 점수를 y라 하면

$x+y=170 \cdots$ ㉠

$1.2x+0.9y=177 \cdots$ ㉡

㉠에 곱하기 1.2를 하면

$1.2x+1.2y=204 \cdots$ ㉠

㉠과 ㉡을 연립해서 풀면

$0.3y=27$

따라서 작년 수리점수는 90점이고 올해 수리점수는 81점이다.

ANSWER 〉 35.① 36.④ 37.③ 38.②

39 50원 우표와 80원 우표를 합쳐서 27장 구입했다. 80원 우표의 비용이 50원 우표 비용의 2배일 때 각각 몇 장씩 구입하였는가?

	50원 우표	80원 우표
①	12개	15개
②	13개	16개
③	15개	13개
④	16개	13개

✡ **TIP** 50원 우표를 x개, 80원 우표를 y개라 할 때,

$x + y = 27 \cdots \textcircled{\scriptsize ㄱ}$

$(50x) \times 2 = 80y \cdots \textcircled{\scriptsize ㄴ}$

㉠에서 $y = 27 - x$를 ㉡에 대입하면

$100x = 80(27 - x)$

$180x = 2,160$

$x = 12, \ y = 15$

∴ 50원 우표 12개, 80원 우표 15개

40 어떤 제품을 원가에 15%의 이익을 붙여서 정가를 정하고, 정가에서 800원 할인해서 팔았더니 원가에 대하여 5%의 이익을 얻었다. 이 제품의 원가는 얼마인가?

① 6,000원   ② 7,000원

③ 8,000원   ④ 9,000원

✡ **TIP** 원가를 x라고 하면

$1.15x - 800 = 1.05x$

$0.1x = 800$

∴ $x = 8,000$

41 어느 회사의 올해 남자 직원과 여자 직원은 작년에 비하여 남자는 7% 증가하고, 여자는 5% 감소하였다. 작년에 전체 직원이 740명이었고, 올해는 작년보다 17명이 증가했다고 할 때, 작년의 남자 직원은 몇 명이었는가?

① 350

② 400

③ 450

④ 500

✪ **TIP** 작년 남자 직원의 수를 x, 여자 직원의 수를 y라 하면

$x + y = 740$

$1.07x + 0.95y = 757$

두 개의 식을 연립해서 풀면

$0.12x = 54$

$\therefore \ x = 450$

42 어떤 일을 정수가 혼자하면 6일, 선희가 혼자하면 12일 걸린다. 정수와 선희가 함께 동시에 일을 시작했지만 정수가 중간에 쉬어서 일을 끝마치는데 8일이 걸렸다고 한다. 이때, 정수가 쉬었던 기간은?

① 3일

② 4일

③ 5일

④ 6일

✪ **TIP** 하루에 정수가 하는 일의 양은 $\dfrac{1}{6}$

하루에 선희가 하는 일의 양은 $\dfrac{1}{12}$

선희는 처음부터 8일 동안 계속해서 일을 하였으므로 선희가 한 일의 양은 $\dfrac{1}{12} \times 8$

(일의 양)−(선희가 한 일의 양)=(정수가 한 일의 양)

$1 - \dfrac{8}{12} = \dfrac{4}{12}$

정수가 일을 하는데 걸린 시간은 $\dfrac{4}{12} \div \dfrac{1}{6} = 2$(일)

(작업 기간)−(정수가 일한 기간)=(정수가 쉬었던 날)이므로 8−2=6

즉, 6일이 된다.

✪ANSWER 〉 39.① 40.③ 41.③ 42.④

43 둘레의 길이가 3.3km인 호수가 있다. 호수의 같은 지점에서 영미가 분속 90m로 걷기 시작한 뒤 10분 후에 미휘가 반대 방향으로 분속 60m로 걷는다면, 미휘가 출발한지 몇 분 만에 영미를 만나겠는가?

① 15분   ② 16분

③ 17분   ④ 18분

> ✿ **TIP** 미휘가 출발한지 몇 분 후를 x분 후라고 하면
> 영미가 걸은 거리 + 미휘가 걸은 거리 = 호수의 둘레 길이
> $(10 + x)90 + 60x = 3,300$
> $150x = 2,400$
> ∴ $x = 16$분

44 서울 터미널에는 대전에 가는 버스가 40분에 1대씩, 부산에 가는 버스가 60분에 1대씩 있다. 12시에 터미널에 도착한 갑과 을은 가장 빨리 동시에 출발하는 버스를 타고 각각 대전과 부산으로 떠났다. 갑과 을 두 사람이 탄 버스의 출발 시간은? (단, 서울 터미널의 모든 버스는 9시에 첫차가 출발한다)

① 12시   ② 12시 20분

③ 12시 40분   ④ 1시

> ✿ **TIP** 40과 60의 최소공배수는 120이므로 두 버스가 동시에 출발하는 시간은 9시, 11시, 1시, …이다.
> 따라서 갑과 을이 탄 버스의 시간은 1시이다.

45 (A + 5)cm × (A + 3)cm인 직사각형 종이의 네 귀퉁이를 1.5cm 정사각형 모양으로 자른 뒤 접어 올렸을 때 만들어지는 상자의 부피는?

① $1.5(A+2)cm^3$

② $A(A+2)cm^3$

③ $1.5(A+3.5)(A+1.5)cm^3$

④ $1.5A(A+2)cm^3$

⭐**TIP** 각 귀퉁이의 $1.5cm$을 잘랐으므로 상자 밑면은 변의 길이가 각 $3cm$씩 줄어 $(A+2)cm \times Acm$가 되고 상자의 높이는 $1.5cm$이다.

∴ 상자의 부피 $= 1.5A(A+2)cm^3$

46 원가 2만 원에 구입한 물품 12개 팔아서 총 6만 원의 이익을 얻고자 한다. 원가에서 몇 %가 증가된 정가를 붙여야 하는가?

① 22%

② 25%

③ 26%

④ 27%

⭐**TIP** 원가에서 $x\%$를 더 붙여 정가를 정하고 물품 12개를 팔아 얻을 수 있는 이익은

$20,000 \times \dfrac{x}{100} \times 12 = 60,000$이다.

∴ $x = 25(\%)$

47 바구니에 4개의 당첨 제비를 포함한 10개의 제비가 들어있다. 이 중에서 갑이 먼저 한 개를 뽑고, 다음에 을이 한 개의 제비를 뽑는다고 할 때, 을이 당첨제비를 뽑을 확률은? (단, 한 번 뽑은 제비는 바구니에 다시 넣지 않는다.)

① 0.2

② 0.3

③ 0.4

④ 0.5

✡ **TIP** 갑이 당첨제비를 뽑고, 을도 당첨제비를 뽑을 확률 $\frac{4}{10} \times \frac{3}{9} = \frac{12}{90}$

갑은 당첨제비를 뽑지 못하고, 을만 당첨제비를 뽑을 확률 $\frac{6}{10} \times \frac{4}{9} = \frac{24}{90}$

따라서 을이 당첨제비를 뽑을 확률은 $\frac{12}{90} + \frac{24}{90} = \frac{36}{90} = \frac{4}{10} = 0.4$

48 정아와 민주가 계단에서 가위바위보를 하는데, 이긴 사람은 2계단을 올라가고, 진 사람은 1계단을 내려간다고 한다. 두 사람이 가위바위보를 하여 처음보다 정아는 14계단, 민주는 5계단을 올라갔을 때, 민주는 몇 번 이겼는가? (단, 비기는 경우는 없다.)

① 7회

② 8회

③ 10회

④ 11회

✡ **TIP** 정아가 이긴 횟수를 x, 민주가 이긴 횟수를 y라 하면

$\begin{cases} 2x - y = 14 & \cdots \ ㉠ \\ 2y - x = 5 & \cdots \ ㉡ \end{cases} \Rightarrow ㉠ + ㉡ \times 2$를 계산하면 $3y = 24 \Rightarrow y = 8$

따라서 민주가 이긴 횟수는 8회이다.

49 아버지와 아들의 나이 합이 66세이고 12년 후에는 아버지의 나이가 아들의 나이의 2배가 될 때, 현재 아들의 나이는?

① 17세   ② 18세

③ 19세   ④ 20세

    TIP 아버지의 나이를 x라 하고 아들의 나이를 y라 할 때

$$x + y = 66 \cdots \text{㉠}$$
$$x + 12 = 2(y + 12) \cdots \text{㉡}$$

㉡을 풀면 $x - 2y = 12$

㉠에서 ㉡을 빼면 $3y = 54$

$$\therefore \ y = 18$$

50 어느 회사에서 행사를 진행하기 위해 직원들을 긴 의자에 앉히려고 한다. 긴 의자에 직원들이 6명씩 앉으면 8명이 남고, 8명씩 앉으면 마지막 의자에 4명이 앉으며 빈 의자가 2개 남는다고 한다. 직원은 몇 명인가?

① 90명   ② 92명

③ 94명   ④ 96명

    TIP 의자 수를 x라 하면

$$6x + 8 = 8(x - 3) + 4$$
$$2x = 28$$
$$x = 14$$

의자 수가 14개 이므로 직원 수는 $6 \times 14 + 8 = 92$명이다.

06 수추리력

▎1~20▎ 다음의 제시된 숫자의 배열을 보고 규칙을 적용하여 (   )에 들어갈 알맞은 숫자를 적으시오.

1

5	
4	5

8	
9	18

7	
( )	14

① 2   ② 4

③ 6   ④ 8

✭ TIP

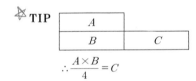

A	
B	C

$$\therefore \frac{A \times B}{4} = C$$

2

44	69	25
52	56	31
17	( )	23

① 94   ② 85

③ 72   ④ 68

✭ TIP

AB	EF	CD

$$\therefore B + C = E,\ A + D = F$$

3

$$C \rightarrow 4 \rightarrow 마 \rightarrow F \rightarrow 7 \rightarrow 아 \rightarrow I \rightarrow (\quad)$$

① 8

② 10

③ 12

④ 14

✫ **TIP**
- 조건 1 : 알파벳→숫자→한글 순서로 진행된다.
- 조건 2 : (세 번째 알파벳) C →(네 번째 숫자) 4 →(다섯 번째 한글) 마 →…
- 결국 3 →4 →5 →6 →7의 중간에 숫자를 알파벳, 한글로 변환시켜 만든 규칙
  따라서 (   )은 10.

4

① 8 : 25

② 8 : 35

③ 8 : 45

④ 8 : 55

✫ **TIP**
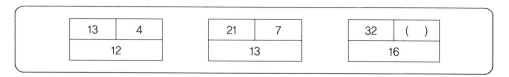
$$\therefore A-1=C, B+10=D$$

5

13	4		21	7		32	( )
12			13			16	

① 9

② 11

③ 13

④ 15

✫ **TIP**

$$\therefore (A+B)-5=C, (D+E)-15=F, (G+H)-25=I$$

👍 ANSWER 〉 1.④ 2.① 3.② 4.③ 5.①

6

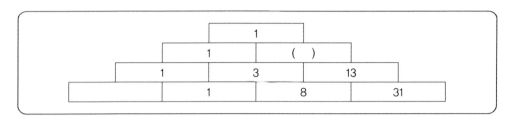

① 1

② 2

③ 3

④ 4

✦ **TIP**

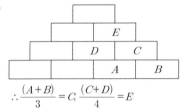

$$\therefore \frac{(A+B)}{3} = C, \ \frac{(C+D)}{4} = E$$

7

| 99+18=147 | | 16+91=( ) |

① 102

② 107

③ 113

④ 121

✦ **TIP** $A+B=(\ )$

∴ 위 조합은 A와 B를 180도 회전시켜서 푸는 문제이다.

8

| 2 6 9 | 4 12 15 | 7 21 ( ) |

① 24

② 31

③ 37

④ 42

✦ **TIP** $A \ B \ C$

∴ $A \times 3 = B, \ B + 3 = C$

9

$$\frac{7}{126} = 18 \qquad \frac{13}{273} = 21 \qquad \frac{(\ \ )}{837} = 27$$

① 19

② 25

③ 31

④ 46

✡ **TIP**

$$\frac{B}{A} = C$$

$\therefore \dfrac{B}{A}$ 에서 A와 B의 위치를 바꾸면 C가 된다.

10

45 46 23 24 12 6 ( )

① 3

② 7

③ 10

④ 15

✡ **TIP**

$$A\ \ B$$

$\therefore A$가 홀수이면, $B = A + 1$

A가 짝수이면, $B = \dfrac{A}{2}$

11

99 98 95 86 59 ( )

① 22

② −22

③ 44

④ −44

✡ **TIP** 처음의 숫자에서 3^0, 3^1, 3^2, 3^3, 3^4 … 순서대로 뺄셈이 되고 있다.

12

1	5	20	16	19	57	54	56	( )	110

① 112

② 132

③ 162

④ 172

✡ **TIP** 처음에 앞의 숫자에 +4, ×4, −4의 수식이 행해지고 그 다음에는 +3, ×3, −3 그 다음은 +2, ×2, −2의 수식이 행해진다.

13

5	15	23	29	39	47	53	63	( )

① 69

② 71

③ 73

④ 75

✡ **TIP** +10, +8, +6이 반복된다.
∴ $63 + 8 = 71$

14

$$\frac{1}{51} \quad \frac{1}{49} \quad \frac{2}{45} \quad \frac{3}{39} \quad \frac{5}{31} \quad (\quad)$$

① $\frac{6}{21}$

② $\frac{8}{23}$

③ $\frac{8}{21}$

④ $\frac{10}{23}$

✡ **TIP** 분모와 분자의 규칙을 따로따로 찾아서 유추하면 분모는 −2, −4, −6, …씩 작아지고, 분자는 앞의 두 수를 더한 값이 된다. 따라서 빈칸에 들어갈 수는 $\frac{3+5}{31-10} = \frac{8}{21}$ 이다.

15

$$1 \quad 3 \quad 5 \quad 7 \quad 10 \quad 13 \quad 16 \quad (\quad)$$

① 12 ② 20

③ 24 ④ 44

⭐ **TIP**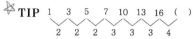

처음의 숫자에서 2를 세 번 더하고 다음에 3을 세 번 더하고 있으므로 그 다음은 4를 세 번 더하게 된다.

16

$$1 \quad 1 \quad 3 \quad 8 \quad 9 \quad 27 \quad 27 \quad (\quad)$$

① 36 ② 64

③ 88 ④ 124

⭐ **TIP** 1항, 3항, 5항, 7항의 홀수항은 각각 3^0, 3^1, 3^2, 3^3이고 2항, 4항, 6항의 짝수항은 각각 1^3, 2^3, 3^3이므로 (   )안은 $4^3 = 64$가 된다.

17

$$\frac{1}{2} \quad \frac{1}{6} \quad \frac{1}{18} \quad (\quad) \quad \frac{1}{162} \quad \frac{1}{486}$$

① $\frac{1}{40}$ ② $\frac{1}{52}$

③ $\frac{1}{54}$ ④ $\frac{1}{86}$

⭐ **TIP** 분자의 경우 모두 1이고 분모의 경우 3이 곱해지면서 증가하고 있다.

👍ANSWER 〉 12.① 13.② 14.③ 15.② 16.② 17.③

18

| | | 1   2   −1   8   (   )   62 | |

① 19 ② −19

③ 24 ④ −24

✿ **TIP** 처음의 숫자에 3^0, -3^1, 3^2, -3^3, 3^4이 더해지고 있다.

19

| | 2   3   7   34   290   (   ) | |

① 3415 ② 2675

③ 4208 ④ 5507

✿ **TIP** 처음의 숫자에서 1^1, 2^2, 3^3, 4^4, 5^5이 더해지고 있다.

20

| | 2   12   6   36   18   (   ) | |

① 98 ② 108

③ 111 ④ 124

✿ **TIP** 숫자의 차이가 ×6, ÷2가 반복되고 있다.

┃21~30┃ 다음 제시된 A행과 B행 사이에는 일정한 규칙이 있다. B행에서 규칙에 어긋나는 것을 고르시오.

21

	①	②	③	④
A :	4	6	8	10
B :	14	22	26	32

✮ **TIP**　B=3A+2의 규칙이다. 따라서 $3 \times 6 + 2 = 20$이므로 ②가 옳지 않다.

22

	①	②	③	④
A :	1	3	4	7
B :	2	8	8	128

✮ **TIP**　$B = 2^A$의 규칙이다. 따라서 $2^4 = 16$이므로 ③이 옳지 않다.

23

	①	②	③	④
A :	5	14	20	8
B :	1	70	4	32

✮ **TIP**　④ B=A÷5와 B=A×5가 번갈아서 적용되고 있다. 따라서 $8 \times 5 = 40$이므로 ④가 옳지 않다.

24

	①	②	③	④
A :	8	3	9	21
B :	16	9	54	168

✿ **TIP** ② B = A×(2, 4, 6, 8, 10 ⋯)의 규칙이다. 따라서 3×4 = 12이므로 ②가 옳지 않다.

25

	①	②	③	④
A :	45	35	60	55
B :	10	8	12	12

✿ **TIP** B = A÷5 + 1의 규칙이다. 60÷5 + 1 = 13이므로 ③이 옳지 않다.

26

	①	②	③	④
A :	11	21	17	24
B :	15	25	22	30

✿ **TIP** B = A + (3, 4, 5, 6)의 규칙이다. 11 + 3 = 14이므로 ①이 옳지 않다.

27

	①	②	③	④
A :	3	57	15	24
B :	4	22	8	8

✦ **TIP** ④ B = A÷3+3 이라는 규칙이 적용된다. 따라서 24÷3+3=11이므로 ④가 옳지 않다.

28

	①	②	③	④
A :	5	73	27	5
B :	9	69	31	9

✦ **TIP** ④ B = A+4 , B = A−4가 번갈아 적용되고 있다. 따라서 5−4 = 1이므로 ④가 옳지 않다.

29

	①	②	③	④
A :	48	78	72	44
B :	12	26	9	8

✦ **TIP** ② B는 A의 각 자릿수를 더한 값이다. 따라서 7+8은 15이므로 ②가 옳지 않다.

30

	①	②	③	④
A :	17	2	10	51
B :	34	6	40	17

★ **TIP** ④ B = A×(2, 3, 4, 5 …)의 규칙이 적용된다. 따라서 51×5 = 255이므로 ④가 옳지 않다.

31 일정한 규칙으로 수를 나열할 때, (   ) 안에 들어갈 숫자는?

8	27	132
32	( )	156
56	75	180

① 39

② 43

③ 47

④ 51

★ **TIP**

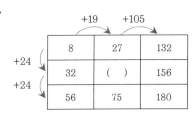

32 다음 빈칸에 들어갈 알맞은 숫자는?

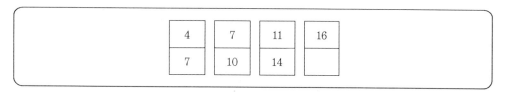

4	7	11	16
7	10	14	

① 16   ② 17
③ 18   ④ 19

⭐ **TIP** 윗줄과 아랫줄 숫자가 3씩 차이난다. 16에 3을 더한 19가 답이다.

▌33~34▐ 다음 색칠된 곳의 숫자에서부터 시계방향으로 진행하면서 숫자와의 관계를 고려하여 ?
표시된 곳에 들어갈 알맞은 숫자를 고르시오.

33

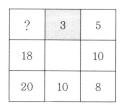

?	3	5
18		10
20	10	8

① 16   ② 18
③ 20   ④ 22

⭐ **TIP** 각 숫자의 차가 +2, ×2, −2의 순서로 변한다.

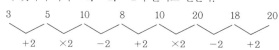

34

5	24	12
10		16
6	12	?

① 8

② 16

③ 22

④ 30

✿ **TIP** 각 숫자에 $\times \frac{1}{2}$, $+4$의 규칙이 적용되고 있다.

24   12   16   8   12   6   10   5

$\times \frac{1}{2}$ $+4$ $\times \frac{1}{2}$ $+4$ $\times \frac{1}{2}$ $+4$ $\times \frac{1}{2}$

35 다음 ? 표시된 부분에 들어갈 숫자를 고르시오.

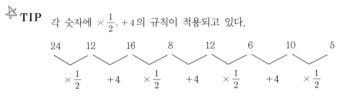

① $\frac{11}{5}$

② $\frac{17}{5}$

③ $\frac{11}{2}$

④ $\frac{17}{2}$

✿ **TIP**

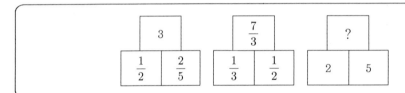

$\bigcirc = \bigcirc + \dfrac{1}{\boxed{\Large ©}}$

┃36~40┃ 다음 숫자들의 배열 규칙을 찾아 ?에 들어갈 알맞은 숫자를 고르시오.

36

2	4
11	15

⇨

3	7
21	?

① 27 ② 28

③ 29 ④ 30

✦**TIP** 각 자리의 수의 차가 2배가 된다. 따라서 빈칸에 들어갈 수는 29이다.

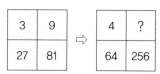

37

3	9
27	81

⇨

4	?
64	256

① 16 ② 20

③ 24 ④ 28

✦**TIP**

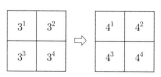

38

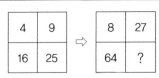

① 50

② 75

③ 100

④ 125

✰ **TIP**

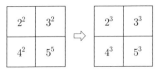

39

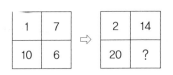

① 12

② 14

③ 16

④ 18

✰ **TIP** 왼쪽 상자의 수에 ×2가 되었다.

40

3	5
9	7

⇨

3	6
?	12

① 18   ② 20

③ 22   ④ 24

✯**TIP** 왼쪽 상자는 시계방향으로 2씩 더해지며 배열되고, 오른쪽 상자는 시계방향으로 2씩 곱해지며 배열된다.

공간지각력

┃1~10┃ 다음 전개도를 접었을 때, 나타나는 입체도형의 모양으로 알맞은 것을 고르시오.

1

① ② ③ ④

★ **TIP** 제시된 전개도를 접으면 ②가 나타난다.

2

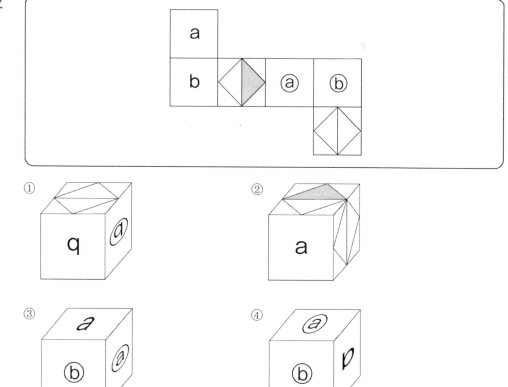

①
②
③
④

⭐ **TIP** 제시된 전개도를 접으면 ①이 나타난다.

3

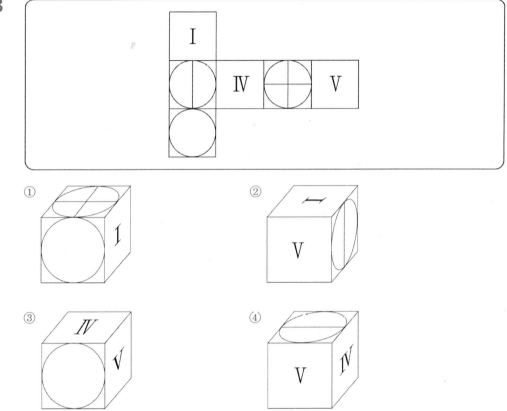

①

②

③

④

⭐ **TIP** 제시된 전개도를 접으면 ②가 나타난다.

4

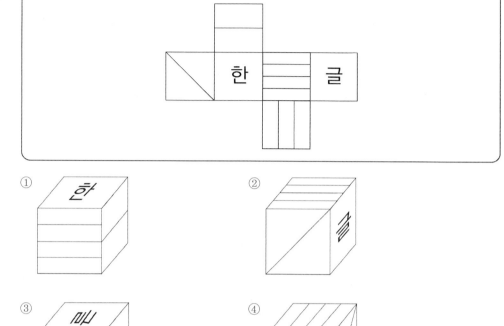

TIP 제시된 전개도를 접으면 ③이 나타난다.

5

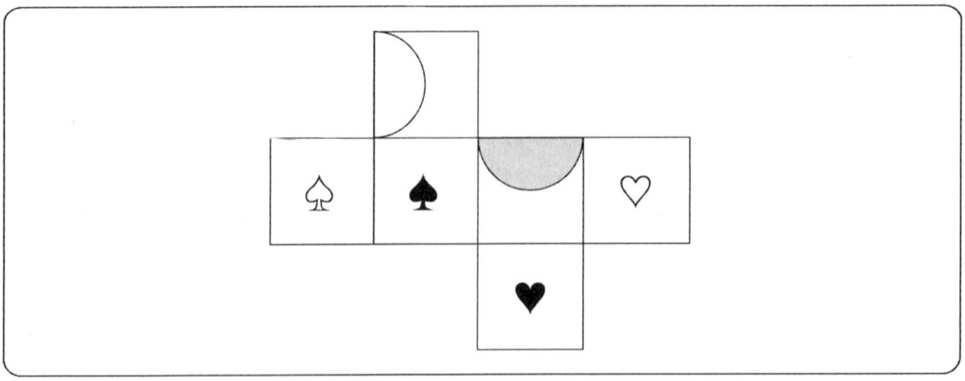

①    ②

③    ④

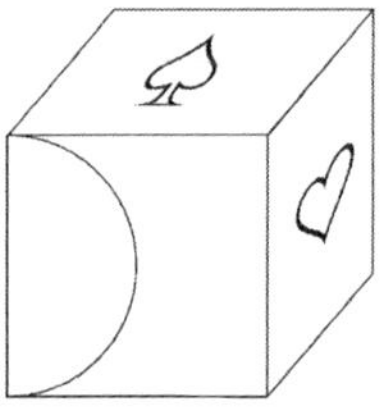

✯ **TIP** 제시된 전개도를 접으면 ②가 나타난다.

6

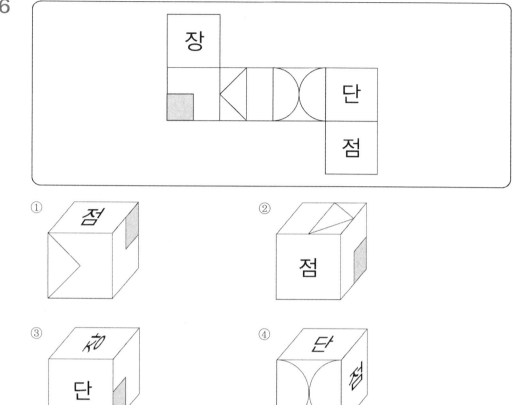

① ② ③ ④

✷ **TIP**　제시된 전개도를 접으면 ③이 나타난다.

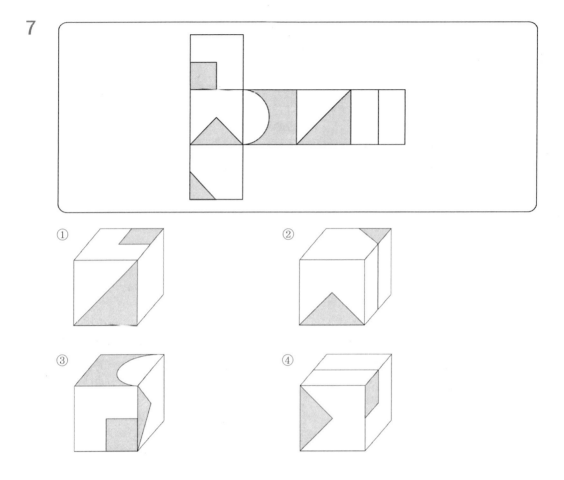

① ② ③ ④

✫**TIP** 제시된 전개도를 접으면 ④가 나타난다.

8

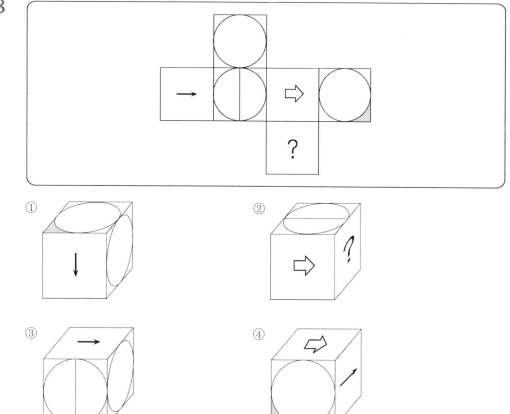

①

②

③

④

☆ **TIP** 제시된 전개도를 접으면 ①이 나타난다.

9

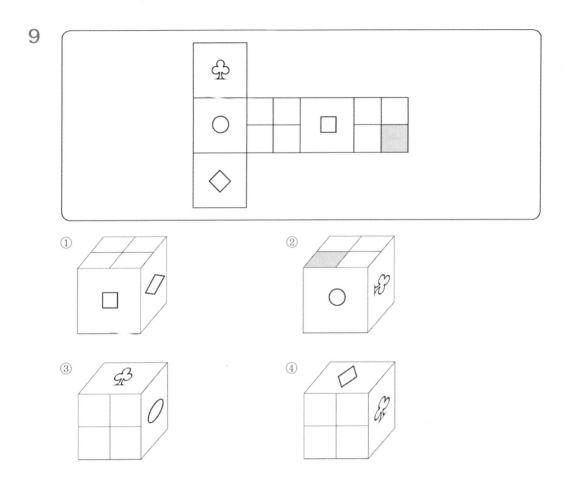

TIP 제시된 전개도를 접으면 ②가 나타난다.

10

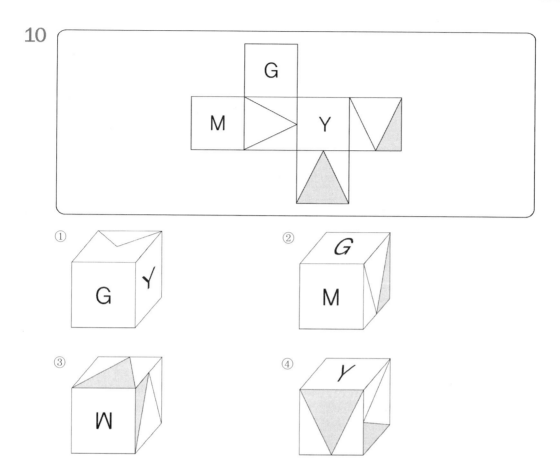

① ② ③ ④

✯ **TIP** 제시된 전개도를 접으면 ③이 나타난다.

|11~20| 다음 입체도형의 전개도로 옳은 것을 고르시오.

11

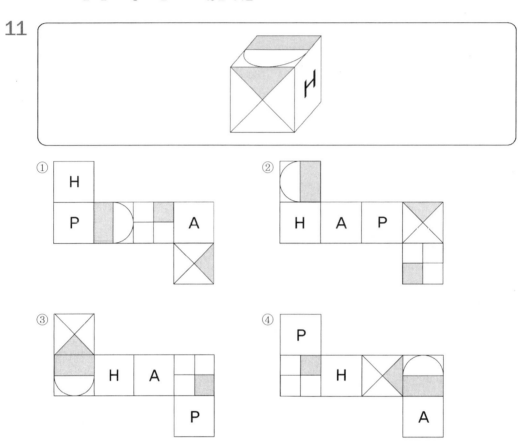

★ **TIP** 제시된 도형을 전개하면 ②가 나타난다.

12

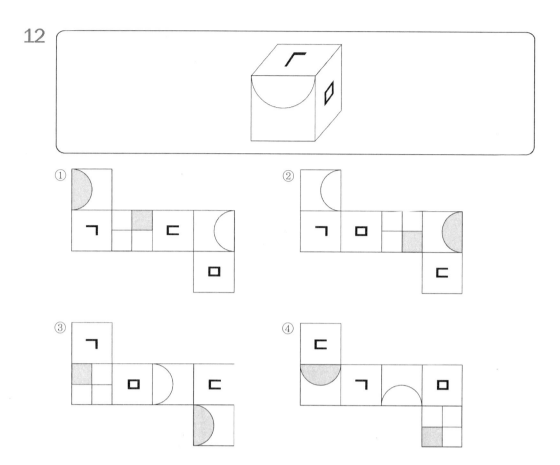

13

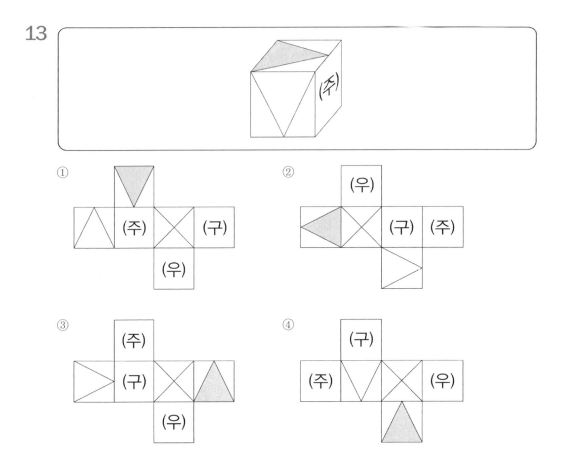

① (주) (구) (우)

② (우) (구) (주)

③ (주) (구) (우)

④ (구) (주) (우)

✪ **TIP** 제시된 도형을 전개하면 ③이 나타난다.

14

①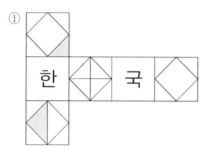

②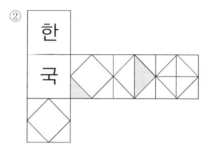

③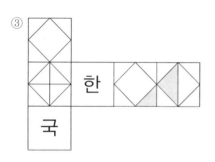

④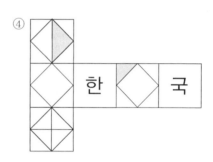

⭐ **TIP** 제시된 도형을 전개하면 ①이 나타난다.

15

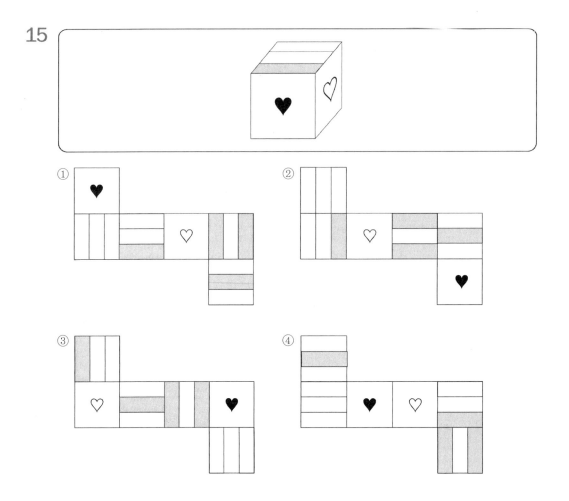

TIP 제시된 도형을 전개하면 ③이 나타난다.

16

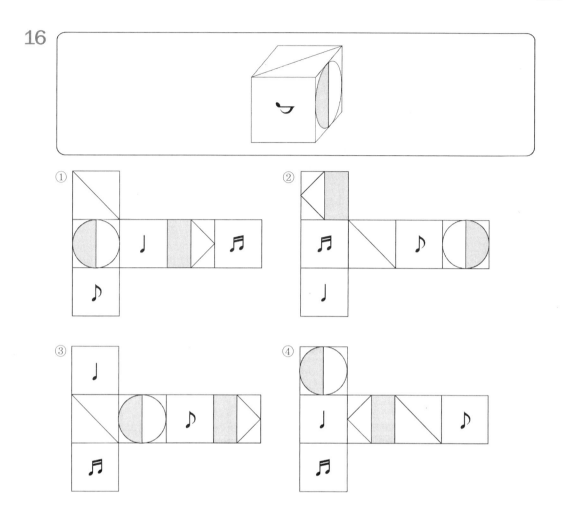

17

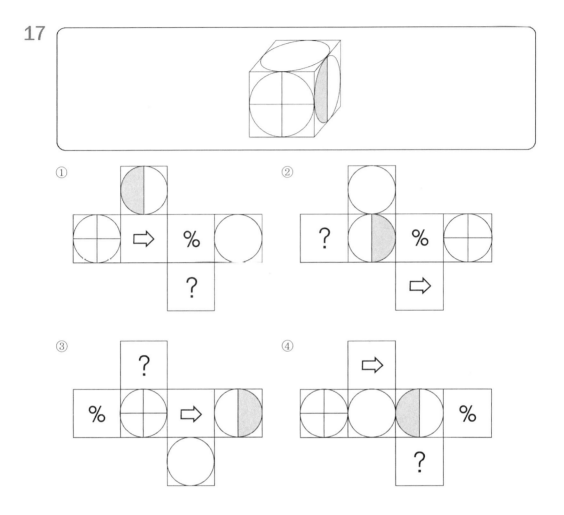

✯ **TIP**   제시된 도형을 전개하면 ①이 나타난다.

18

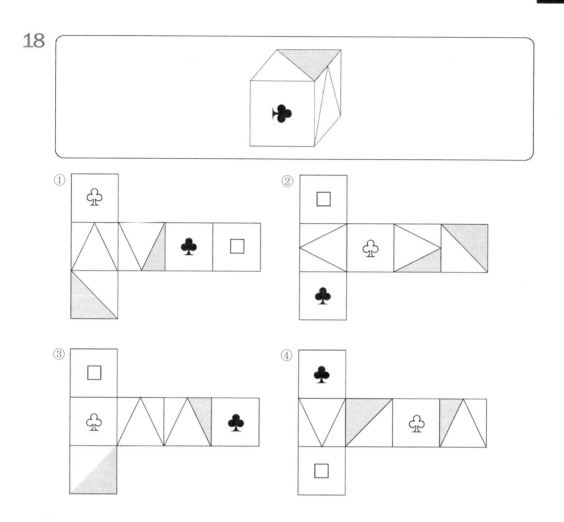

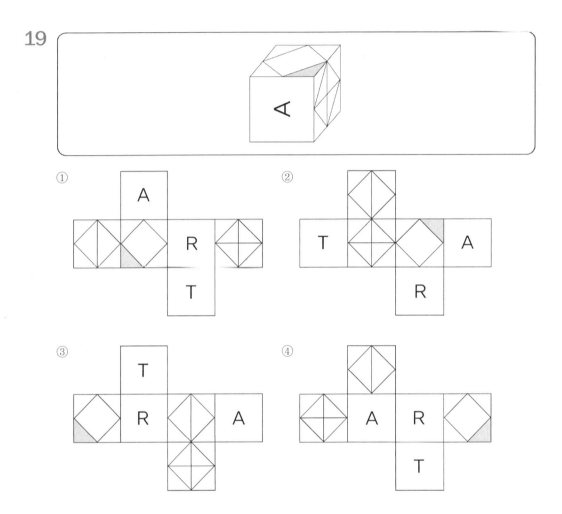

19

① ② ③ ④

✦**TIP** 제시된 도형을 전개하면 ③이 나타난다.

20

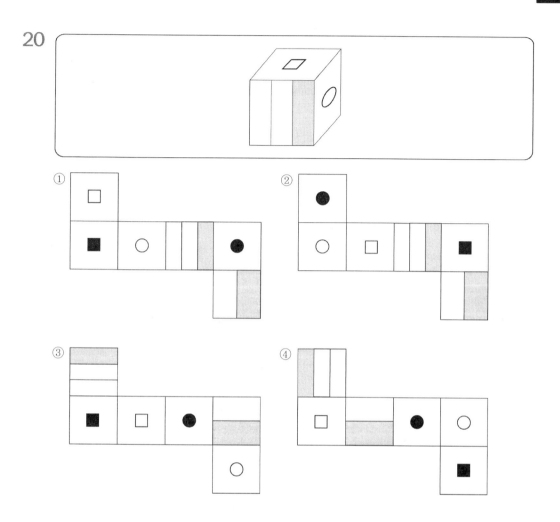

★TIP 제시된 도형을 전개하면 ④가 나타난다.

▌21~30▐ 다음 전개도를 접었을 때, 나타나는 도형의 모양으로 알맞은 것을 고르시오.

21

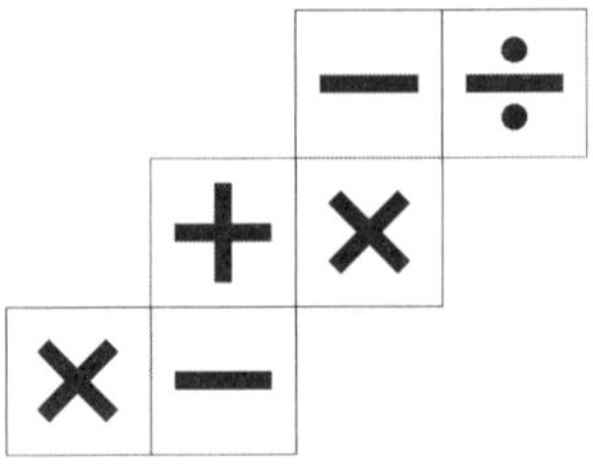

①
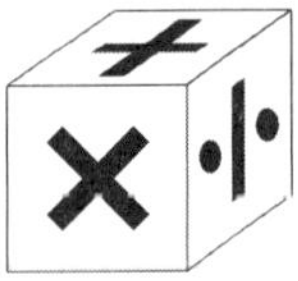

②
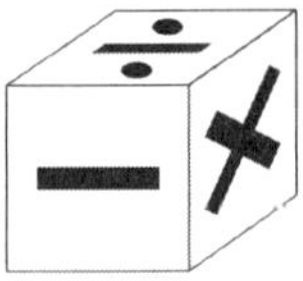

③
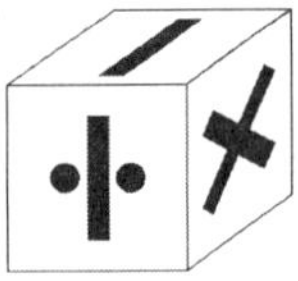

④
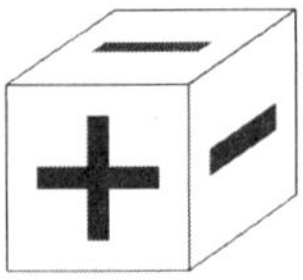

TIP ①
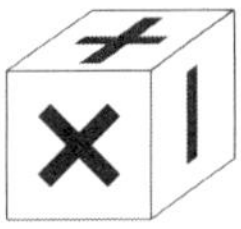

②
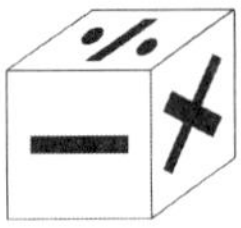

④
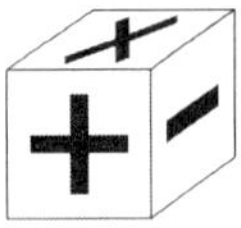

22

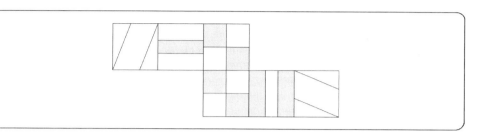

①

②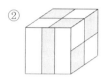

③

④

✬ **TIP** ①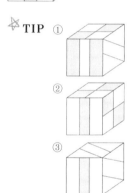

②

③

23

① 　②

③ 　④

✿ **TIP** ①

③

④

24

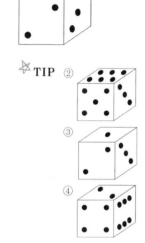

① ② ③ ④

✡TIP ②

③

④

25

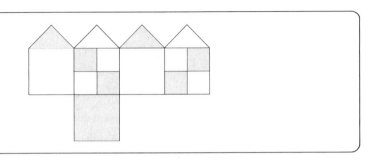

①

②

③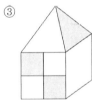

④

✪TIP ②

③④ 주어진 전개도로 만들어질 수 있는 모양이 아니다.

26

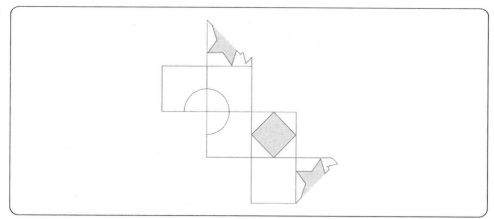

①

②

③

④

✡ TIP

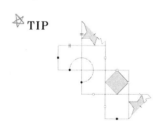

27

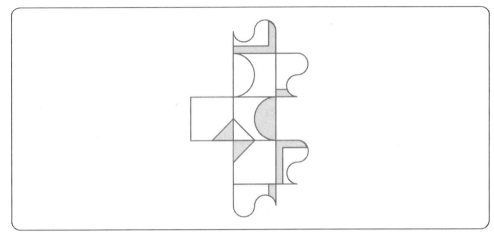

①

②

③

④

✡ **TIP**

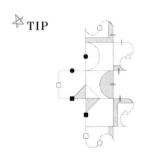

28

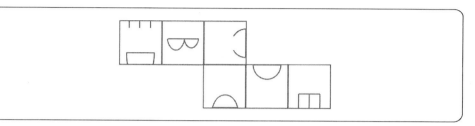

① 　　　　②

③ 　　　　④

✻ **TIP**

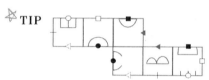

② 의 모양이 되어야 한다.

③  의 모양이 되어야 한다.

④  의 모양이 되어야 한다.

ANSWER 〉 27.③ 28.①

29

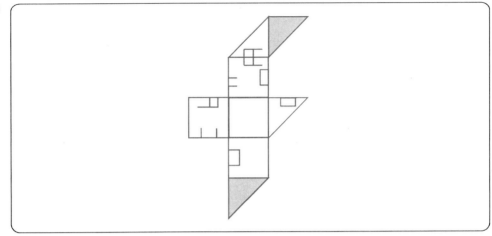

①

②

③

④

⭐ **TIP**

① 의 모양이 되어야 한다.

③ 의 모양이 되어야 한다.

④ 의 모양이 되어야 한다.

30

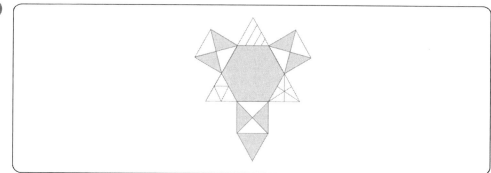

① 　　　②

③ 　　　④

☆ **TIP**

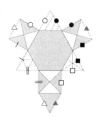

②④ ①과 같아야 한다.

③ ◁ 가 아닌 ◁ 가 되어야 한다.

▌31~35▐ 다음 입체도형의 전개도로 옳은 것을 고르시오.

31

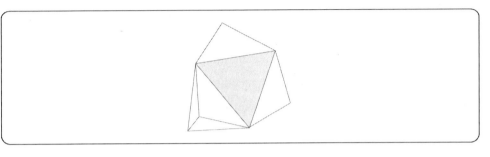

①

②

③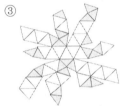

④

✦**TIP**

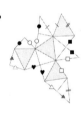

32

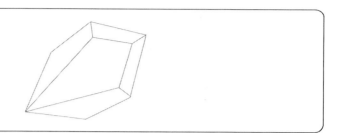

①

②

③

④

⭐ TIP

33

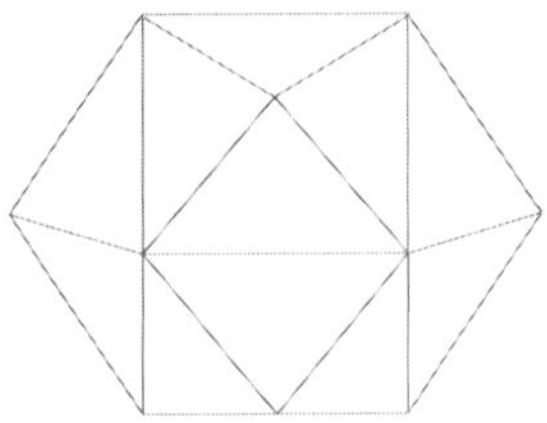

①

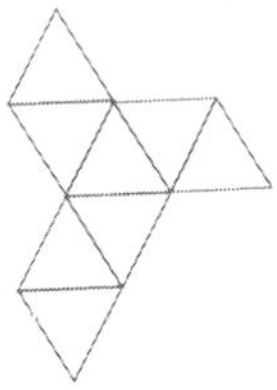

②

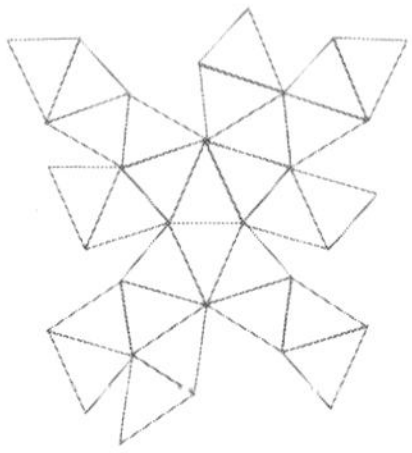

③

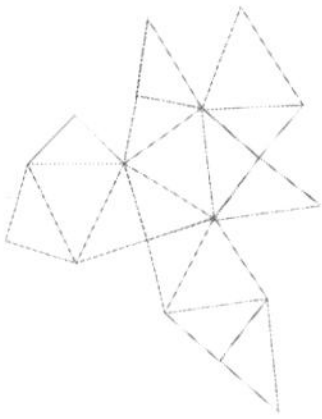

④

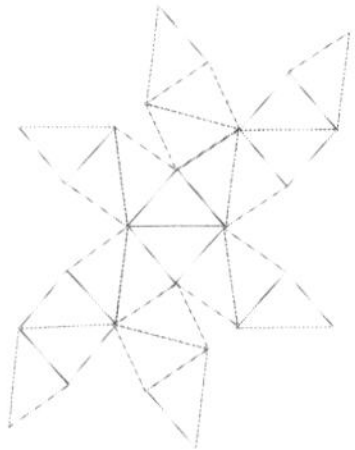

TIP

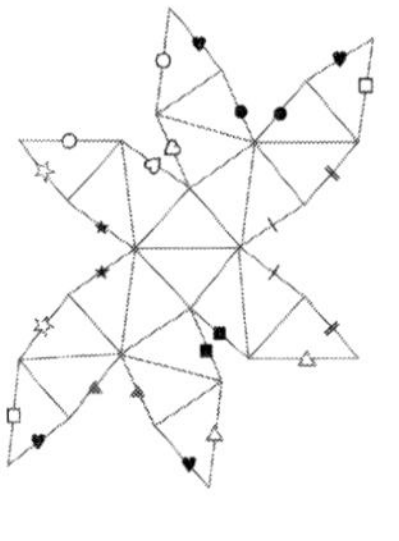

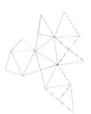

34

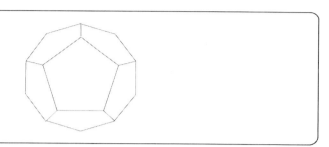

① 　　②

③ 　　④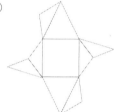

✽**TIP** 면이 정오각형인 것을 찾는다.

35

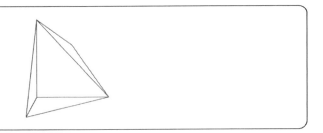

①

②

③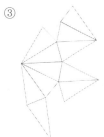

④

⭐TIP

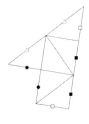

▌36~40▐ 다음 전개도를 접었을 때, 나타나는 도형의 모양으로 알맞은 것을 고르시오.

36

①

②

③

④

TIP

① 의 모양이 되어야 한다.

② 의 모양이 되어야 한다.

④ 의 모양이 되어야 한다.

ANSWER › 35.② 36.③

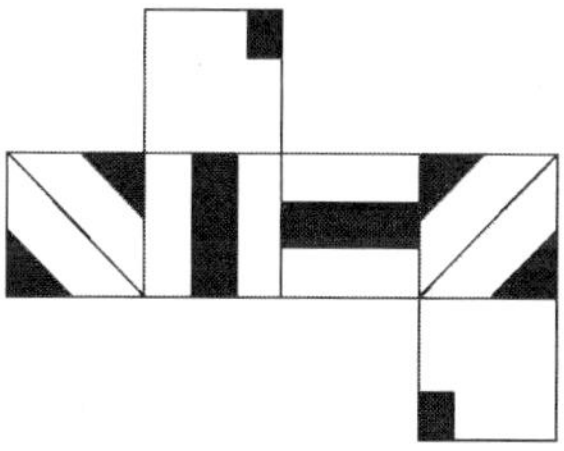

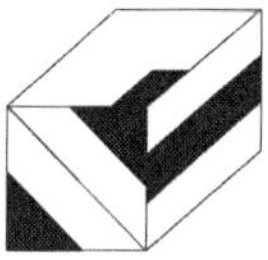

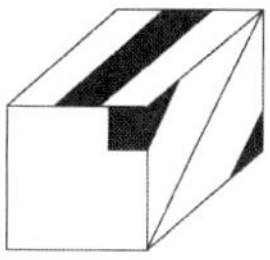

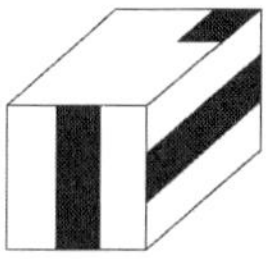

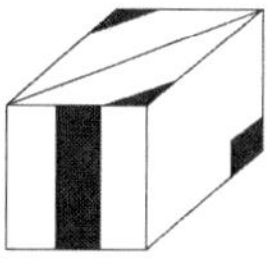

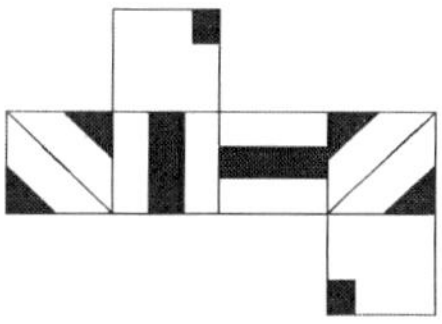

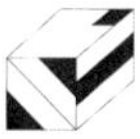

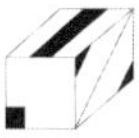

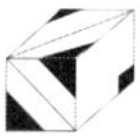

37

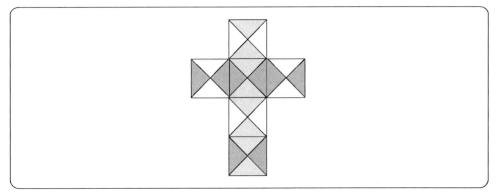

① 　　　　②

③ 　　　　④

✫**TIP**

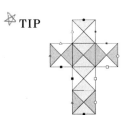

③ 　가 되어야 한다.

④ 　가 되어야 한다.

38

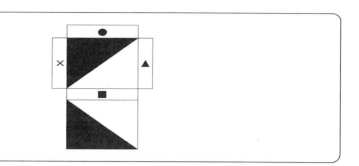

①

②

③

④

TIP

39

① ② ③ ④

TIP

① ②의 모양이 되어야 한다.

③ 의 모양이 되어야 한다.

④ 의 모양이 되어야 한다.

40

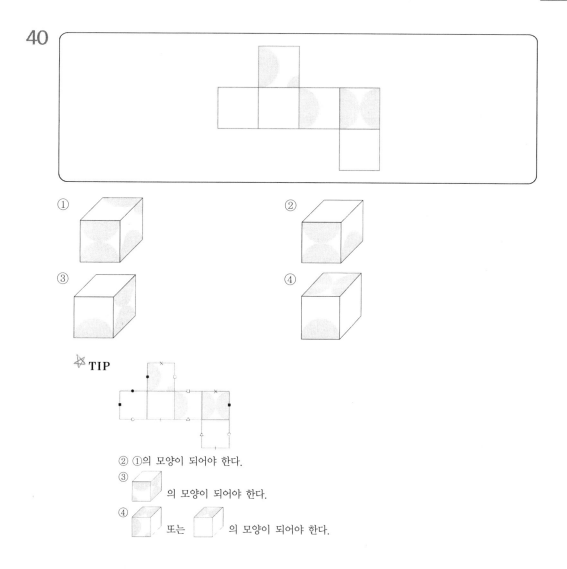

| 41~45 | 다음 전개도를 접었을 때 나올 수 있는 모양이 아닌 것을 고르시오.

41

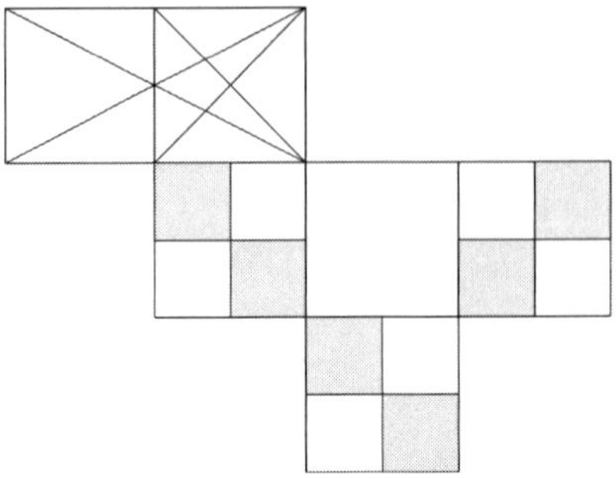

①

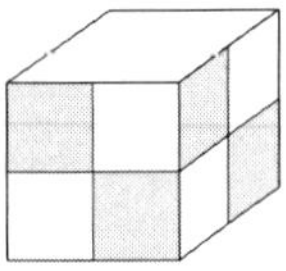

②

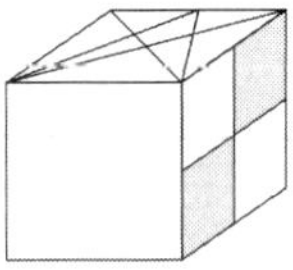

③

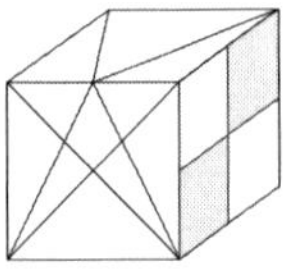

④

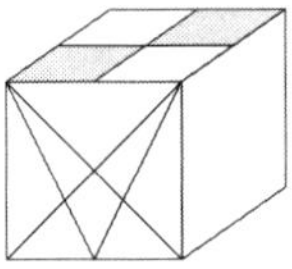

✵**TIP**

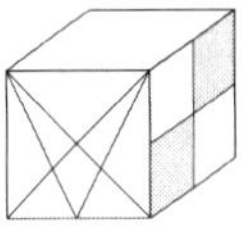

42

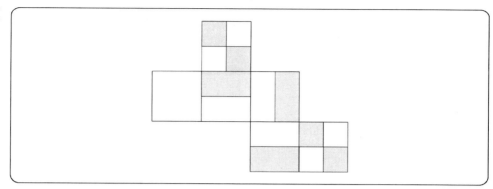

①

②

③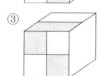

④

✿ **TIP**

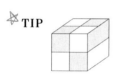

43

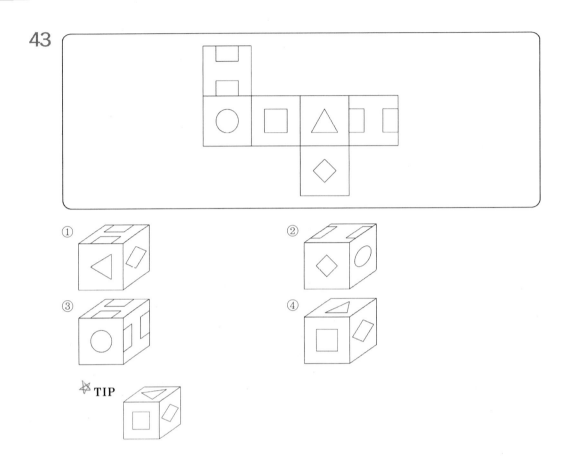

44

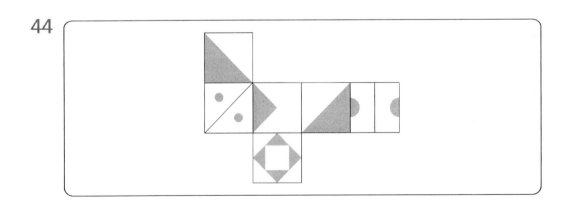

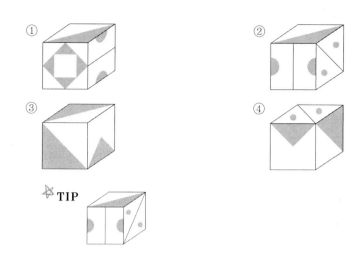

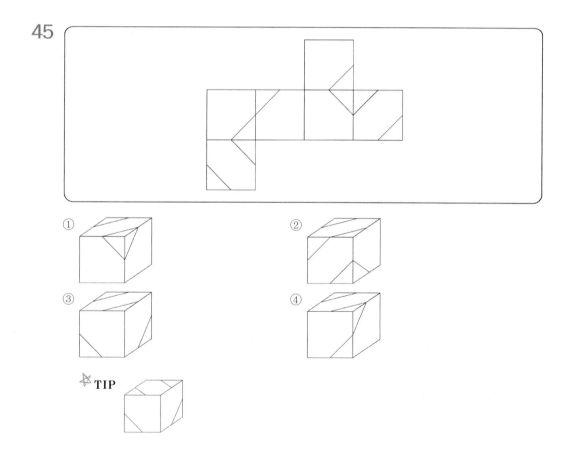

08 한국사

CHAPTER

1 다음 설명 중 시대가 다른 하나는 무엇인가?

① 농경과 목축이 시작되었으며, 간석기와 토기를 처음으로 사용하였다.

② 정착생활을 하였으며, 촌락 공동체가 형성되었다.

③ 채집경제에서 생산경제로 전환되었다.

④ 문자를 사용하고, 국가가 형성되었다.

✡ **TIP** ①②③은 신석기 시대에 대한 설명이다.
④는 청동기 시대에 대한 설명이다.

2 우리나라 최초의 국가인 고조선이 세워진 시대는?

① 구석기　　　　　　　　　② 신석기

③ 청동기　　　　　　　　　④ 철기

✡ **TIP** ③ 청동기 시대에 한반도 최초로 나타난 나라는 고조선으로 단군왕검이 건국하였다.
※ **청동기 시대**
　㉠ **생활도구**: 여전히 돌이나 나무로 만든 것을 사용(반달돌칼, 바퀴날도끼, 돌낫), 청동은 비싸고 깨지기 쉽기 때문에 주로 장신구에 사용
　㉡ **농경이 발달**: 벼농사 시작→농업 생산력 증가
　㉢ **주거지**: 강을 끼고 있는 직사각형이나 원형인 움집
　㉣ **분업 발생**: 남자와 여자의 일이 나뉨
　㉤ **계급의 발생**: 족장 출현

3 다음 중 고구려에 관한 설명으로 옳지 않은 것은?

① 수 문제의 침입으로 안시성에서 끈질긴 저항으로 결국 수군을 격퇴하였다.

② 수 양제의 침입으로 30만 별동대의 공격을 을지문덕이 살수에서 격퇴하였다.

③ 거듭된 수·당 전쟁의 패배로 인한 간접적인 영향으로 수나라의 국력이 약해졌다.

④ 고구려는 중국의 한반도 침략을 저지한 민족의 방파제 역할을 하였다.

✡ **TIP** ① 안시성싸움은 당 태종이 연개소문의 정변을 구실로 침입하여 일어난 사건이다.

4 다음 내용과 관련된 나라는?

> • 박혁거세
> • 골품제
> • 화백 회의

① 고구려   ② 백제

③ 신라   ④ 가야

✖ **TIP** ③ 신라는 기원전 57년 박혁거세가 지금의 영남 지방을 중심으로 건국하였으며, 중앙 집권 국가로 발전하는 과정에서 폐쇄적 신분제도인 골품제도를 마련하여 통치 기반을 구축하였다. 또한 만장일치제인 화백회의를 두어 국왕과 귀족 간의 권력을 조절하는 기능을 담당하였다.

5 다음 자료와 관련된 역사적 사실에 해당되는 것으로 옳은 것은?

> 도침 등이 웅진강(공주 앞 금강) 어귀에 책 두 개를 세워 관군에게 저항하자 유인궤는 신라병과 함께 사방에서 협공하였다. 도침 등은 이에 유인원에 대한 포위를 풀고 임존성으로 물러나 보전하였다. 신라병은 군량이 다하여 군사를 이끌고 돌아갔다.
>
> 「구당서」

① 황산벌에서 계백의 백제군은 신라에 패하였다.
② 나·당 연합군이 사비성을 함락함으로써 백제는 멸망하였다.
③ 고구려는 연개소문 사후, 지도층이 내분되었다.
④ 왕족 복신 등은 왕자 부여풍을 왕으로 추대하였다.

✖ **TIP** 제시된 지문은 백제가 멸망한 후 일어난 백제 부흥운동(660~663)이다. 왕족 복신과 승려 도침은 주류성에서 왕자 부여풍을 추대하고 사비성을 공격하였다.
④ 왕족 복신과 승려 도침은 왕자 부여풍을 추대하였다.
① 황산벌전투는 백제 멸망 전이다.
② 백제 부흥운동은 백제 멸망 후의 일이다.
③ 연개소문은 백제 멸망 전에 활동하였던 인물이다.

🖋 ANSWER 〉 1.④ 2.③ 3.① 4.③ 5.④

6 신라 말기에 나타난 사회 변동 사실이 아닌 것은?

① 왕위 쟁탈전
② 골품제도의 강화
③ 지방 호족의 등장
④ 선종과 풍수지리설 유행

✦ **TIP** ② 신라 말기에는 왕권이 약화되고 귀족들의 정권 다툼이 심해졌다. 또한 중앙의 통제력이 지방에 미치지 못하자 호족이 성장하여 성주, 장군 등을 자처하는 등 골품제가 점차 붕괴되었다.

7 다음 중 삼별초에 대한 설명으로 옳지 않은 것은?

① 배중손은 무신정권의 붕괴와 몽고와의 굴욕적인 강화를 맺는 데 반발하였다.
② 삼별초는 장기 항전을 계획하고 신노보 옮겨 서상하였나.
③ 제주도에서 김통정의 지휘 아래 계속 항쟁하여 여·몽연합군을 격퇴하였다.
④ 삼별초의 항쟁은 고려인의 배몽사상과 자주정신을 보여주었다.

✦ **TIP** ③ 여·몽연합군의 공격으로 진도가 함락되자 다시 제주도로 가서 김통정의 지휘 아래에 계속 항쟁하였으나 여·몽연합군에 의해 진압되었다.

8 다음 중 고려 전시과제도와 그 설명이 틀린 것은?

① 한인전 : 6품 이하 하급관료의 자제에게 지급되었다.
② 공음전 : 5품 이상의 고위관리에게 지급되고 세습도 가능했다.
③ 군인전 : 군역의 대가로 지급되었으며 세습은 불가능했다.
④ 내장전 : 왕실경비 충당을 위해 지급되었다.

✦ **TIP** ③ 군인전은 세습이 가능했다.
※ 고려 전시과제도 토지의 종류

세습 불가	세습 가능
• 과전 : 문무 관리에게 차등적으로 지급, 수조권만 지급	• 공음전 : 5품 이상, 주로 전호에 의해 경작
• 한인전 : 6급 이하 하급관리의 자제, 급제했으나 관직에 오르지 못한 자에게 지급	• 군인전 : 군역의 대가, 직역과 함께 세습
	• 외역전 : 향리, 향직 세습(직역과 함께 세습)
• 구분전 : 하급 관료와 군인의 유가족에게 지급	• 내장전 : 왕실경비 충당을 위해 지급
	• 공신전 : 공신에게 지급

9 공민왕의 개혁 정치 내용이 아닌 것은?

① 친원파 등용 ② 정동행성의 폐지
③ 쌍성총관부 회복 ④ 몽골식 생활 풍습 금지

✮**TIP** ① 공민왕은 신진 사대부 세력을 기반으로 명의 흥기로 원이 쇠퇴하는 정세 변화에 때맞추어 개
혁정치를 추진하였다. 공민왕의 개혁 정치는 대내와 대외적으로 구분할 수 있는데, 대외 정책은
반원 정책이고 대내 정책은 자주성 회복 정책이다. 정방(친원파)을 폐지하고 왕권을 강화했다.

10 다음 가상대화가 이루어진 시기에 볼 수 있는 사회모습으로 옳은 것은?

> 농민 1 : 허허……저 사람이 그 황제도 두렵지 않다는 무신들의 최고 우두머리라던데…….
> 농민 2 : 나도 들었어. 이의민을 죽이고 왕까지 바꿨다지.

① 금에 대한 사대관계를 주장하였다.
② 풍수지리설과 결부된 자주적 사상을 내세웠다.
③ 사회 개혁책으로 봉사 10조를 제시하였다.
④ 최무선이 화포를 이용하여 왜구를 격퇴하였다.

✮**TIP** 이의민을 죽이고, 17년간 집권하면서 4명의 왕을 바꾸었고, 동생을 비롯한 수많은 정적을 살해
하면서 자신의 권력을 유지한 인물은 최충헌이다. 최충헌이 권력을 잡은 시기에 있었던 모습을
고르는 문제이다.
③ 최충헌은 사회 개혁책으로 봉사 10조를 제시하였으나, 정책 방향의 제시가 근본적으로 자기
권력의 안정화를 추구하는 수단이었다는 점에서 그 실천적 한계를 가졌다.
① 이자겸은 권력유지를 위해 금에 대한 사대관계를 받아들였다.
② 묘청의 서경천도운동과 관련된 내용이다.
④ 최무선은 왜구가 창궐하자 화약제조법의 필요성을 절감하였다. 이에 원나라에서 제조법을 배
워 화약을 만들어 왜구를 격퇴하였다.

11 고려 말 공민왕의 개혁정치에 대한 설명으로 옳지 않은 것은?

① 원의 연호, 체두변발을 금지하고 몽고의 풍습을 일체 금지하였다.

② 신돈은 전민변정도감의 설치를 통해 권문세족의 경제기반을 약화시켰다.

③ 과거제도를 강화하고 성균관을 통해 유학교육을 강화하였다.

④ 개혁이 모두 성공하여 원나라의 간섭에서 해방되었다.

✿**TIP** ④ 권문세족들의 강력한 반발로 신돈이 제거되고, 개혁추진의 핵심인 공민왕까지 시해되면서 중단되고 말았다. 결국 이 시기의 개혁은 개혁추진세력인 신진사대부 세력이 아직 결집되지 못한 상태에서 권문세족의 강력한 반발을 효과적으로 제어하지 못하였고, 원나라의 간섭 등으로 인해 실패하고 말았다.

12 다음과 같은 기능을 수행한 조선 시대의 정치 기구로 옳은 것은?

> 구성 : 중서문하성의 낭사와 어사대
> 기능 : 간쟁, 봉박, 서경의 권한
> 특징 : 왕권을 견제, 왕권과 신권의 갈등 조정

① 사간원과 사헌부

② 집현전과 홍문관

③ 의금부와 승정원

④ 병조와 이조

✿**TIP** 제시된 자료는 고려의 중앙정치체제 중에서 대간인 중서문하성의 낭사와 어사대이다. 이러한 대간의 존재는 고려시대를 그전의 시대와 다르게 '중세'라고 부르는 한 가지 이유이기도 하였는데, 이러한 대간의 존재는 조선시대에도 이어지게 된다. 이를 찾아내는 문제이다.

① 사간원은 국왕에 대한 간쟁과 논박을 담당한 관청이며, 사헌부는 언론 활동, 풍속 교정, 백관에 대한 규찰과 탄핵 등을 관장하던 관청이었다.

② 집현전은 학문 연구를 위해 궁중에 설치한 기관이며, 홍문관은 궁중의 경서·사적의 관리와 문한의 처리 및 왕의 각종 자문에 응하는 일을 관장하던 관서였다.

③ 의금부는 왕 직속의 상설 사법기관, 승정원은 왕명을 출납하는 비서기관이다.

④ 병조는 군사관계 업무를 총괄하던 중추적 기관이며, 육조는 문관의 선임·공훈·봉작 등의 일을 총괄하는 기관이었다.

13 다음 중 신진사대부에 대한 설명으로 옳지 않은 것은?

① 지방의 중소지주층과 지방향리 출신이 많았다.

② 정치이념으로는 성리학을 수용하였다.

③ 권문세족의 비리와 불법을 견제하였다.

④ 신흥무인세력과 거리를 두어 사회의 불안과 국가적인 시련을 해결하고자 하였다.

✧**TIP** ④ 신흥무인세력과 손을 잡으면서 사회의 불안과 국가적인 시련을 해결하고자 하였다.

14 다음 자료와 관련된 시기의 역사적 사실로 옳은 것은?

> 왕은 돌아와서 그 용으로부터 받은 대나무로 피리를 만들어 월성의 천존고에 간직해 두었다. 이 피리를 불면 적병이 물러가고 질병이 낫고, 가물 때는 비가 오고, 비올 때는 비가 개이고, 바람이 가라앉고, 물결은 평온해 졌다. 이 피리를 만파식적(萬波息笛)이라 부르고 국보로 삼았다.

① 이사부로 하여금 우산국을 복속시켰다.

② 김씨에 의한 왕위 계승권을 확립시켰다.

③ 지방 호족은 스스로 성주, 장군이라고 하였다.

④ 6두품 세력은 국왕의 정치적 조언자로서 전제 왕권을 뒷받침하였다.

✧**TIP** 제시된 자료의 왕은 신라의 신문왕이다. 제시된 자료를 통해 신문왕을 추론하고, 신문왕의 정책에 대해서 숙지하고 있는지를 묻고 있는 문제이다.
④ 신문왕은 6두품을 왕의 정치적 조언자와 행정실무를 담당하는 세력으로 성장시켜 왕권을 강화시켰다.
① 지증왕은 이사부로 하여금 우산국을 복속시켰다.
② 내물왕은 김씨에 의한 왕위 세습권을 확립하고 군장의 칭호도 마립간으로 바꾸었다.
③ 신라하대에 지방 호족들은 스스로 성주, 장군이라고 하였다.

15 다음 정책을 시행한 국왕의 업적으로 옳은 것은?

> 국왕이 명령을 내리기를 "정방은 권신이 처음 설치한 것이니 어찌 조정에서 벼슬을 주는 뜻이 되겠는가. 이제 마땅히 이를 없애고 3품 이하 관리는 재상과 함께 의논하여 진퇴를 결정할 것이니, 7품 이하는 이부와 병부에서 의논하여 아뢰도록 하라."라고 하였다.
>
> 「고려사」

① 왕권을 제약하던 정방을 폐지하였다.

② 최영으로 하여금 요동을 정벌하게 하였다.

③ 일연의 「삼국유사」와 이승휴의 「제왕운기」가 편찬되었다.

④ 최무선이 최초로 화포를 이용하여 진포에서 왜구를 격퇴하였다.

☆ TIP ②④ 우왕 시기의 일이다.
③ 충렬왕 시기의 일이다.
※ 공민왕의 개혁 정책

반원 자주 정책	• 반원 정책 : 친명 외교, 몽고풍 근절, 부원세력 숙청 • 관제 복구 : 원 연호 사용 폐지, 정동행성이문소 폐지 • 영토 수복 : 쌍성총관부, 요동 공략
왕권 강화 정책	• 신돈 등용, 신진 사대부 • 유교 정치 : 성균관 중건, 과거 중시 • 권세가 압박 : 전민변정도감 설치

16 다음 중 태조 왕건의 정책이 아닌 것은?

① 유력 호족들의 딸들과 혼인함으로써 자신의 세력을 확장하였다.

② 사심관제도를 통해 지방 향리의 자제를 중앙에 머무르게 하여 견제하였다.

③ 유력 세력에게 왕씨 성을 하사하여 왕실편으로 포섭하였다.

④ 「정계」, 「계백료서」를 지어 신하의 규범을 밝혔다.

☆ TIP ②는 기인제도에 관한 설명이다. 사심관제도는 중앙 고관을 자기 고향의 사심관으로 임명하는 제도이다.

17 묘청의 서경천도운동에 대한 설명으로 옳은 것은?

① 신라 계승이념을 강조하고 있었다.

② 유교정치사상의 영향을 받았다.

③ 문벌귀족은 북진정책에 적극적이었다.

④ 칭제건원과 금국정벌을 주장하였다.

✎ **TIP** 이자겸의 난 이후 왕권이 약화되고 궁궐이 소실되자 서경길지론이 대두되었다. 이에 묘청, 정지
상으로 대표되는 서경파들이 서경천도운동을 일으켰다. 서경천도운동은 풍수지리설과 불교의 영
향을 받아 칭제건원과 금국정벌을 주장하였다.

18 다음 자료를 통하여 알 수 있는 당시의 사회 모습으로 적절한 것은?

> 신 박유가 아뢰었다. "우리나라는 남자는 적고 여자가 많은데도 신분의 고하를 막론하
> 고 처를 하나 두는데 그치고 있습니다. 아들이 없어도 감히 첩을 두려 생각하지 않습니
> 다. 청컨대 신하들로 하여금 품계에 따라 처와 첩을 두게 하고, 백성들은 한 명의 처와
> 한명의 첩을 두도록 법을 만든다면 원성은 줄어들고 인구는 번성하게 될 것입니다." 하
> 오나 이 건의는 묵살 되었다. 박유가 임금을 모시고 연등회 행사를 갔을 때 한 노파가
> 박유를 가리켜 "첩을 두자고 건의한 거렁뱅이 같은 늙은이!"라고 소리치자, 주변의 부인
> 들이 모두 박유에게 손가락질을 하며 야유를 보냈다.

① 사위가 처가의 호적에 입적하여 생활하기도 하였다.

② 아들이 없을 경우 양자를 들였다.

③ 사위에게는 음서의 혜택이 없었다.

④ 재가한 여성의 자식은 벼슬을 할 수가 없었다.

✎ **TIP** 박유가 첩을 여럿 두자고 건의를 하지만, 연등회에서 무더기로 손가락질 당하는 장면을 보아 여
성의 지위가 높았던 고려시대임을 알 수 있다. 이 장면은 고려시대 여성 지위를 보여준다.
  ① 고려시대에는 사위가 처가의 호적에 입적하여 처가에서 생활하는 경우도 있었다. 이를 통해
    처가, 외가의 지위도 높았다는 것을 짐작할 수 있다.
  ② 고려시대에는 아들이 없으면 딸이 제사를 지내는 것이 일반적으로, 아들이 없다 하여 양자를
    들이거나 하지 않았다.
  ③ 고려시대에는 사위와 외손자에게까지 음서의 혜택이 있었으며 상복제도에서도 친가와 외가의
    차이가 크지 않았다.
  ④ 고려시대에는 재가한 여성의 자식도 벼슬을 할 수가 있었다.

19 다음 내용에 해당되는 도자기로 가장 적절한 것은?

> 도자기의 빛깔이 푸른 것은 비색이라 부른다. 근년에 와서 만드는 솜씨가 교묘하고 빛깔도 더욱 예뻐졌다. 술그릇의 모양은 오이 같은데 위에 작은 뚜껑이 있어서 연꽃에 엎드린 오리 모양을 하고 있다. 또한 주발, 접시, 술잔, 사발 등도 만들 수 있지만 모두 일반적으로 도자기를 만드는 법에 따라 한 것이므로 생략하고 그리지 않는다. 단 술 그릇만은 다른 그릇과 다르기 때문에 특히 드러내 소개해둔다. 사자 모양을 한 도제 향로 역시 비색이다. …… 여러 그릇들 가운데 이 물건이 가장 정밀하고 뛰어나다.

① 분청사기   ② 고려청자
③ 조선백자   ④ 청화백자

✿ **TIP** 제시된 사료는 우리나라의 자기 문화(그 중에서도 고려청자)에 대한 묘사이다. 고려청자는 철분이 조금 섞인 백색의 흙으로 만든 것을 원료로 하여 거기에 유약을 입혔는데, 이후에 등장하는 상감 기법은 청자에 문양이나 그림을 새기고, 청자유를 입혀 한 번 더 굽는 것이다.

20 다음 중 붕당 문화에 대한 설명으로 옳지 않은 것은?

① 여러 붕당이 협력 및 상호 견제를 통해 정치를 운영하는 것이다.
② 백성들의 의견이 반영되어 당파의 이익보다는 국민의 복리를 우선시하였다.
③ 합좌기구인 비변사를 통해 여론을 수렴하고 공론을 중시하였다.
④ 3사 언관과 이조 전랑의 정치적 비중이 강화되었다.

✿ **TIP** ② 백성들의 의견이 반영되지 않고 국민의 복리보다는 당파의 이익을 우선시하였다.

21 다음 내용과 관련 있는 인물은?

> 조선 세종 때 200여 척의 함대를 동원하여 왜구의 소굴인 쓰시마 섬을 토벌하였다.

① 박위   ② 이종무
③ 김종서   ④ 윤덕

✿ **TIP** 조선 초기 일본과의 관계(교린정책)
      ㉠ 강경책 : 세종 때 이종무의 쓰시마 섬 토벌
      ㉡ 회유책 : 3포 개항(부산포, 제포, 염포), 계해약조(제한된 조공무역 허용)

22 제시된 내용을 배경으로 일어난 사건은 무엇인가?

> • 소격서 혁파
> • 주초위왕
> • 위훈삭제

① 무오사화   ② 갑자사화

③ 기묘사화   ④ 을사사화

✷ **TIP** ① 무오사화 : 김일손이 김종직의 조의제문을 사초에 실어 사림파가 화를 입음.
        ② 갑자사화 : 연산군의 생모인 폐비 윤씨의 죽음과 관련 있는 사람 모조리 죽임.
        ③ 기묘사화 : 조광조 일파의 급진적 개혁정치 추진 실패.
        ④ 을사사화 : 왕실의 외척인 대윤과 소윤의 정권다툼.

23 다음 (　　)에 들어갈 말로 알맞은 것은?

> 　국초에 (　　)을(를) 설치하여 시중 · 평장사 · 참지정사 · 정당문학 · 지문하성사로 판사를 삼고, 판추밀 이하로 사를 삼아 일이 있을 때 모였으므로 합좌라는 이름이 붙게 되었다. 그런데 한 해에 한 번 모이기도 하고 여러 해 동안 모이지 않기도 하였다.

① 도병마사   ② 식목도감

③ 중추원   ④ 삼사

✷ **TIP** ① 재신과 추밀이 함께 모여 회의로 국가의 중요한 일을 결정하는 곳.
        ② 임시기구로서 재신과 추밀이 함께 모여 국내 정치에 관한 법의 제정 및 각종 시행규정을 다루던 회의기구.
        ③ 군사기밀과 왕명출납을 담당.
        ④ 화폐와 곡식의 출납에 대한 회계업무 담당.

👍ANSWER 〉 19.②   20.②   21.②   22.②   23.①

24 자료와 관련 있는 역사적 사실은?

① 국채 보상 운동　　　　　　② 문맹 퇴치 운동
③ 물산 장려 운동　　　　　　④ 민족 유일당 운동

✿ **TIP** ① 1907년부터 1908년 사이에 나라의 부채를 국민들이 모금하여 갚기 위해 전개되었던 운동
　　　　③ 1920년대에 일제의 경제적 수탈정책에 항거하여 벌였던 범국민적 민족경제 자립실천운동으로
　　　　　 우리 상품의 소비를 장려하여 민족자본을 지원 · 육성하고자 한 운동
　　　　④ 1920년대 후반 만주와 중국지역에 분립되어 있던 독립운동단체들을 중심으로 추진된 독립운
　　　　　 동 단체들의 통합운동

25 다음 자료와 관련된 민족 운동에 대한 설명으로 옳은 것은?

　　　이날 서울 거리의 광경은 열광적으로 독립 만세를 연창하는 군중, …… 사람이 너무
도 어마어마하게 많으니까, 이것을 바라보는 일본 사람도 기가 꽉 질리지 않을 수가 없
었을 것이다. 이 날 우리는 일본인을 구타하거나 그들의 물품을 파괴 또는 약탈하는 등
의 일은 전혀 하지 않았다.

① 대한민국 임시 정부 수립의 계기가 되었다.
② 민족주의계와 사회주의계의 대립과 갈등을 극복하는 계기가 되었다.
③ 일제의 민족차별과 식민지교육이 운동의 배경이 되었다.
④ 순종의 인산일을 기해 일어났다.

✿ **TIP** 제시된 자료는 3 · 1 운동의 모습을 표현한 것이다. 3 · 1 운동의 전개과정은 총 3단계로 나눌 수
　　　　있는데, 1단계(점화기), 2단계(도시 확대기)는 비폭력주의를 내세웠으나, 3단계(농촌 확산기)에
　　　　이르면 무력적인 저항운동으로 변모하게 된다.
　　　　① 3 · 1 운동은 민주공화제의 대한민국 임시정부를 수립하는 계기가 되었다.
　　　　② 민족 유일당 운동을 촉발하는 계기가 되었던 것은 정우회 선언(1926)이다.
　　　　③ 민족자결주의의 대두, 제1차 세계대전 종전, 고종황제 독살 의혹 등이 3 · 1 운동의 배경이다.
　　　　④ 순종의 인산일을 기해 일어난 것은 6 · 10 만세운동(1926)이다.

26 다음 중 흥선대원군의 개혁정책과 그에 대한 설명이 바르게 연결된 것은?

① 서원 철폐 – 면세, 면역의 특권을 누려 재정궁핍과 백성들을 괴롭혔기에 없앴다.

② 호포제 실시 – 농민의 군포 부담을 줄여주기 위해 농민이 내는 군포세를 낮추었다.

③ 사창제 실시 – 관리들이 적정한 이자만 받도록 지시하였다.

④ 관제 개혁 – 의정부를 폐지하고 비변사의 기능을 강화하였다.

> ⭐**TIP** 흥선대원군의 개혁정책
> ㉠ 세도정치를 타파하고 인재를 등용하였다.
> ㉡ 비변사의 기능을 축소하고 의정부, 삼군부의 기능을 부활시켰다.
> ㉢ 국가 재정 및 민생 안정을 위해 서원을 철폐하였다.
> ㉣ 대전회통, 육전조례 등 법전을 편찬하여 국가 체제를 정비하였다.
> ㉤ 조세의 형평성을 위해 호포제를 실시하고, 양전사업 등을 실시하였다.
> ㉥ 왕실의 위엄을 높이고자 경복궁을 중건하였다.

27 다음 자료와 관련된 단체의 활동으로 옳지 않은 것은?

> 105인 사건은 일제가 안중근의 사촌 동생 안명근이 황해도 일원에서 독립 자금을 모금하다가 적발되자 이를 빌미로 일제는 항일 기독교 세력과 단체를 탄압하기 위해 총독 암살 미수 사건을 조작하여 수백 명의 민족 지도자를 검거한 일이다.

① 만주 지역에 독립운동 기지를 건설하였다.

② 공화정체의 근대국민국가 건설을 주장하였다.

③ 대성학교와 오산학교를 설립하였다.

④ 고종의 강제 퇴위 반대 운동을 전개하였다.

> ⭐**TIP** 105인 사건은 애국계몽운동기의 비밀결사였던 신민회가 해체되는 원인이 되었다.
> ④ 대한자강회는 고종의 강제퇴위 반대운동을 전개하다 해산 당하였다.
> ① 신민회는 무장 투쟁도 활동의 목표로 삼았으며, 만주 지역에 독립군 기지 건설운동을 주도하였다.
> ② 신민회는 국권회복과 공화정체의 근대국민국가 건설을 목표로 하였다.
> ③ 신민회는 교육구국운동으로 오산학교, 대성학교 등을 설립하였다.

28 다음 내용이 설명하고 있는 역사책은 무엇인가?

> 삼국사에서 신라를 으뜸으로 한 것은 신라가 가장 먼저 건국했고, 뒤에 고구려와 백제를 통합하였으며, 또 고려는 신라를 계승하였으므로 편찬한 것이 모두 신라의 남은 문적(文籍)을 근거로 했기 때문이다....(중략)... 고구려의 강대하고 현저함은 백제에 비할 바가 아니며, 신라가 차지한 땅은 남쪽의 일부에 불과할 뿐이다. 그러므로 김씨는 신라사에 쓰여진 고구려 땅을 근거로 했을 뿐이다.

① 「고려왕조실록」　　　　　　　② 「삼국사기」
③ 「해동고승전」　　　　　　　　④ 「동사강목」

✡ **TIP** ① 고려의 태조 왕건부터 34대 공양왕까지 474년간(918년~1392년)의 역사적 사실을 기술.
　　② 김부식 등이 편찬한 삼국시대의 정사. 기전체의 역사서.
　　③ 삼국시대 승려 30여명의 전기를 수록.
　　④ 우리 역사의 독자적 정통론을 세워 이를 체계화

29 고려 초 광종이 다음 정책을 추진한 목적은?

> • 노비안검법　　　　　　　• 과거제도
> • 백관의 공복 제정　　　　• 독자적인 연호 사용

① 우수한 인재 발굴　　　　　② 호족 연합 정권 수립
③ 호족 억압을 통한 왕권 강화　④ 북진 정책을 통한 영토 확장

✡ **TIP** 광종의 개혁정치 … 왕권을 강화시키고 중앙집권체제를 확립하고자 하였다.
　　㉠ **노비안검법** : 원래 양인이었던 자가 불법적으로 노비가 된 경우 이를 해방시켜주는 것으로 호족의 경제적·군사적 기반을 약화시켜 왕권을 강화하고 조세 및 부역을 담당하는 양인을 확보하여 국가재정을 강화하고자 하였다.
　　㉡ **과거제도의 실시** : 쌍기의 건의에 따라 문신유학자를 등용하여 신·구세력의 교체를 도모하였다.
　　㉢ **공복제정** : 관료의 기강을 확립하기 위해 실시하였다.
　　㉣ 대외적 자주성을 나타내기 위해 칭제건원하고 독자적인 연호를 사용하였다.
　　㉤ **불교장려** : 귀법사와 홍화사를 짓고 혜거를 국사에, 탄문을 왕사에 임명하였다.
　　㉥ 빈민구제를 위해 제위보를 설치하였다.
　　㉦ 문화적·경제적 목적에서 송과 외교관계를 수립하고 군사적으로는 중립을 유지하였다.

30 다음과 관계있는 문화재는?

> • 세계 기록 유산으로 등록되었다.
> • 고려 시대에 금속 활자를 이용해 만든 책으로, 현재 남아 있는 것 중 세계에서 가장 오래되었다.

① 팔만대장경   ② 직지심체요절
③ 상정고금예문   ④ 무구정광대다라니경

✄ **TIP** 직지심체요절 … 우왕 3년(1377년) 청주 흥덕사에서 간행된 것으로 현존하는 가장 오래된 금속활 자본으로 공인되며 현재 파리국립도서관에서 보관중이며, 2001년 9월 유네스코 세계기록유산으 로 지정되었다.

31 다음 내용이 설명하고 있는 단체는 무엇인가?

> 무릇 나라의 독립은 오직 자강(自强)의 여하에 달려 있는 것이다. …(중략)… 그러나 자강의 방도를 강구하려 할 것 같으면 다른 곳에 있지 않고 교육을 진작하고 산업을 일 으키는 데 있으니 무릇 교육이 일어나지 않으면 민지(民智)가 열리지 않고 산업이 일어 나지 않으면 국부가 증가하지 못하는 것이다. 교육과 산업의 발달이 곧 자강의 방도임을 알 수 있는 것이다.

① 대한자강회   ② 독립협회
③ 보안회   ④ 신민회

✄ **TIP** ① 교육과 산업을 진흥시켜 독립의 기초를 만들 것을 목적으로 국권회복을 위한 실력양성운동을 전개하였으나 고종의 강제퇴위반대운동으로 해산되었다.
② 민중계몽에 힘썼으나 입헌군주제를 반대하던 보수세력이 황국협회를 이용하여 탄압하였으며 결국 해산되었다.
③ 일제가 황무지개간권을 요구하자 보안회는 이를 저지하기 위해 가두집회를 열고 반대운동을 하여 결국 일본의 요구를 철회시켰다.
④ 비밀결사조직으로 국권회복과 공화정체의 국민국가 건설을 목표로 하였다. 국내적으로 문화 적·경제적 실력양성운동을 펼쳤다.

32 다음과 관계있는 교육 기관은?

> • 지방에 설립한 중등 교육 기관
> • 중앙에서 교수 또는 훈도 파견
> • 성현에 제사, 유생 교육, 지방민 교화

① 향교
② 서당
③ 서원
④ 성균관

✦ **TIP** 향교
　ⓐ 조선시대 지방에 설치된 중등 교육 기관이다.
　ⓑ 교수, 훈도, 교도, 학장의 지도 아래 소학과 4서 5경 등 유교경전을 가르쳤다.
　ⓒ 문묘(대성전), 명륜당, 동·서무, 동·서재로 구성되었다.
　ⓓ 지방의 양반과 향리의 자제들을 교육하였으며 양인의 입학도 가능하였다.

33 다음 글을 쓴 인물의 주장으로 옳은 것은?

> 　교종을 공부하는 사람은 내적인 것을 버리고 외적인 것만을 구하려는 경향이 강하고, 선종을 공부하는 사람은 외부의 대상을 잊고 내적으로만 깨달으려는 경향이 강하다. 이는 모두 양 극단에 치우친 것이므로, 양자를 골고루 갖추어 (내외겸전) 안팎으로 모두 조화를 이루어야 한다.
>
> 　　　　　　　　　　　　　　　　　　　　　　　　　　　　「대각국사 문집」

① 백련사에서 신앙결사 운동을 전개하였다.
② 수선사 결사운동을 확대하였다.
③ 정혜쌍수·돈오점수를 주장하였다.
④ 천태종을 창시하고 전파하였다.

✦ **TIP** 제시된 자료는 내적인 공부(선종)와 외적인 공부(교종)를 모두 갖추는 내외겸전으로 의천의 사상이다. 따라서 고려시대 불교 중 의천과 관련된 것을 고르는 문제이다.
　④ 의천은 개경의 국청사를 중심으로 천태종을 창시하고 천태교학 강의를 본격적으로 하였다.
　① 요세는 백련사에서 신앙결사 운동을 전개하였다. 이는 기존의 교종과 달리 지방에 살고 있는 민중을 기반으로 확대되었다.
　② 지눌은 송광사를 중심으로 수선사 결사운동을 확대하여 나갔다.
　③ 지눌은 정혜쌍수·돈오점수를 주장하며 선교일치의 사상을 완성하였다.

34 임진왜란 때 전라도 곡창지대를 지키고 남해안의 해상권을 지킬 수 있었던 전투는?

① 진주대첩 ② 한산도대첩
③ 노량대첩 ④ 행주대첩

✡**TIP** 이순신 장군의 한산도대첩의 승리로 남해의 해상권을 장악하게 되었다.

35 6 · 25 전쟁 중의 휴전 회담과 휴전 협정에 관련된 내용으로 옳지 않은 것은?

① 휴전 협정에 서명한 나라는 미국, 북한, 중국, 소련이다.
② 소련이 유엔을 통해 휴전 회담을 제의하였다.
③ 유엔군 측은 포로의 자유 송환을, 공산군 측은 강제 송환을 주장했다.
④ 휴전 협정으로 군사정전위원회와 중립국 감시위원단이 설치되었다.

✡**TIP** ① 휴전 협정에 서명한 나라는 북한과 중국, 그리고 미국이다. 소련은 휴전 협정을 맺을 때 참가하지 않았다.

36 다음 조선 후기 사회의 동요 속에서 나타난 결과의 공통적인 성격으로 옳은 것은?

• 소청운동	• 벽서사건
• 항조운동	• 민란

① 잔반들이 정권을 장악하고자 한 것이다.
② 서얼들이 지위를 향상시키고자 한 것이다.
③ 농민들이 현실 문제를 타개하고자 한 것이다.
④ 노비들이 신분을 해방시키고자 한 것이다.

✡**TIP** 세도정치로 인해 삼정의 문란, 정치의 혼란이 일어나면서 농촌사회는 극도로 피폐해졌다. 이에 농민들은 모순을 타파하고자 그 대응책으로 소청운동, 벽서운동, 항조운동, 민란을 일으키게 되었다.

37 다음이 설명하고 있는 인물은 누구인가?

> 성은 김씨이다. 29세에 황복사에서 머리를 깎고 승려가 되었다. 얼마후 중국으로 가서 부처의 교화를 보고자 하여 원효(元曉)와 함께 구도의 길을 떠났다. ...(중략)... 처음 양주에 머무를 때 주장(州將) 유지인이 초청하여 그를 관아에 머물게 하고 성대하게 대접하였다. 얼마 후 종남산 지상사에 가서 지엄(智儼)을 뵈었다.

① 도선   ② 원효

③ 혜초   ④ 의상

✫ **TIP** ① 중국에서 풍수지리설을 들여와 지세의 중요성을 일깨웠다.
② 십문화쟁론을 지어 종파 간의 대립을 해소하고자 하였다.
③ 인도와 중앙아시아 지역을 여행하고 돌아와 왕오천축국전을 저술하였다.
④ 화엄일승법계도를 저술하여 화엄사상을 정리하였다.

38 독립 협회의 활동으로 옳지 않은 것은?

① 민중에게 국권·민권 사상을 고취시켰다.

② 독립문을 세우고 독립신문을 창간하였다.

③ 관민 공동회를 개최하여 헌의 6조를 결의하였다.

④ 개화 정책에 반대하고 전통 질서 유지를 주장하였다.

✫ **TIP** 독립 협회 … 서재필 등이 자유민주주의적 개혁사상을 민중에게 보급하고 국민의 힘으로 자주 독립 국가를 건설하기 위하여 1896년 창립한 단체이다. 근대사상과 개혁사상을 지닌 진보적 지식인과 도시 시민층이 중심이 되어 강연회와 토론회를 개최하였으며, 독립신문과 잡지 등을 발간하고 자주 국권, 자유 민권, 국민 참정권 운동을 전개하였다.

39 다음에 해당하는 사건은?

> • 원인 : 3 · 15 부정 선거(1960년)

① 4 · 19 혁명   ② 10 · 26 사태
③ 5 · 18 민주화 운동   ④ 6월 민주 항쟁

✮ **TIP** 4 · 19 혁명 … 1960년 4월 우리나라 헌정사상 최초로 학생들이 중심세력이 되어 자유민주주의를 수호하기 위해 불의의 독재 권력에 항거한 혁명으로 자유당 정권의 부정선거로 인해 학생과 시민 중심의 전국적인 시위가 발생하였으며 그 결과 이승만 정권은 붕괴되었다.

40 다음에서 설명하고 있는 남북공동성명 이후에 일어난 상황으로 옳은 것은?

> 첫째, 통일은 외세에 의존하거나 외세의 간섭을 받음이 없이 자주적으로 해결을 한다.
> 둘째, 통일은 서로 상대방을 반대하는 무력행사에 의거하지 않고 평화적으로 실현한다.
> 셋째, 사상과 이념 · 제도의 차이를 초월하여 우선 하나의 민족적 대단결을 도모한다.

① 남북한의 유엔 동시 가입   ② 남북이산가족고향 방문단 상호 교류
③ 금강산 관광   ④ 남북조절위원회 구성

✮ **TIP** 1972. 7. 4 남북공동성명 … 1972년 7월 4일 남북한 당국이 국토분단 이후 최초로 통일과 관련하여 합의 발표한 역사적인 공동성명을 말한다. 이 시기에는 자주, 평화, 민족적 대단결의 통일을 위한 3대 원칙, 남북한 제반교류 실시, 남북 적십자 회담 협조, 서울과 평양 사이 상설직통전화 개설, 남북조절위원회 구성 등이 이루어졌다.

창의력

※ 창의력 영역은 별도의 정답이 없습니다.

CHAPTER

┃1~5┃ 다음 제시된 상황에 대해 생각나는 대로 쓰시오.

1 시계는 왜 왼쪽에서 오른쪽으로 돌까?

2 피자 8조각을 9명이 나눠먹어야 한다. 어떻게 할 것인가?

3 바위는 가위를 이기고, 가위는 보를 이기고, 보는 바위를 이긴다. 그 이유는?

4 빌딩의 1층은 카페, 2층은 회사일 때, 3층은 무엇일까?

5 어느 목장에서 매일 저녁 소가 한 마리씩 죽고 있다. 이를 해결하기 위해 어떻게 하겠는가?

▌6~8▐ 다음 제시된 그림을 보고 연상되는 것을 생각나는 대로 쓰시오.

6

7

8

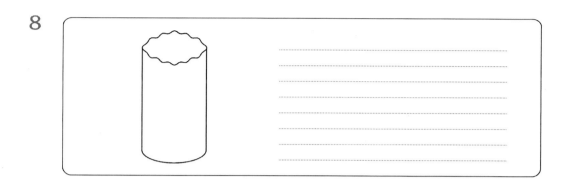

┃9~14┃ 다음 물건을 활용할 수 있는 방법을 모두 적으시오.

9

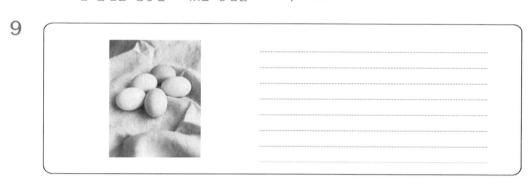

10

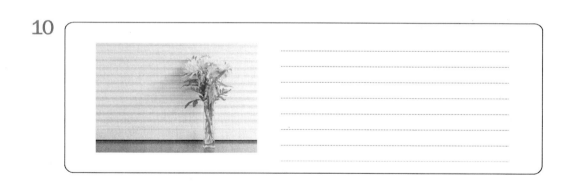

11

12

13

14

15~19 다음 사진을 보고 연상되는 단어 15가지를 쓰시오.

15

16

17

18

19

20~22 다음 제시된 그림을 보고 연상되는 것을 생각나는 대로 적으시오.

20

A

_____

21

Y

_____

22

✡

_____

인성검사

인재상에 부합하는지를 판단하기 위하여 인성검사를 시행합니다. 실전에 앞서
인성검사 유형을 파악해 보시기 바랍니다.

인성검사

인성검사의 개요

CHAPTER

1 허구성 척도의 질문을 파악한다.

인성검사의 질문에는 허구성 척도를 측정하기 위한 질문이 숨어있음을 유념해야 한다. 예를 들어 '나는 지금까지 거짓말을 한 적이 없다.' '나는 한 번도 화를 낸 적이 없다.' '나는 남을 헐뜯거나 비난한 적이 한 번도 없다.' 이러한 질문이 있다고 가정해보자. 상식적으로 보통 누구나 태어나서 한번은 거짓말을 한 경험은 있을 것이다. 또한 내부분의 구직자가 자신을 좋은 인성으로 포장하는 것도 자연스러운 일이다. 따라서 허구성을 측정하는 질문에 다소 거짓으로 '그렇다'라고 답하는 것은 전혀 문제가 되지 않는다. 하지만 지나치게 좋은 성격을 염두에 두고 허구성을 측정하는 질문에 전부 '그렇다'고 대답을 한다면 허구성 척도의 득점이 극단적으로 높아지며 이는 검사항목전체에서 구직자의 성격이나 특성이 반영되지 않았음을 나타내 불성실한 답변으로 신뢰성이 의심받게 되는 것이다. 다시 한 번 인성검사의 문항은 각 개인의 특성을 알아보고자 하는 것으로 절대적으로 옳거나 틀린 답이 없으므로 결과를 지나치게 의식하여 솔직하게 응답하지 않으면 과장 반응으로 분류될 수 있음을 기억하자!

2 '대체로', '가끔' 등의 수식어를 확인한다.

'대체로', '종종', '가끔', '항상', '대개' 등의 수식어는 대부분의 인성검사에서 자주 등장한다. 이러한 수식어가 붙은 질문을 접했을 때 구직자들은 조금 고민하게 된다. 하지만 아직 답해야 할 질문들이 많음을 기억해야 한다. 다만, 앞에서 '가끔', '때때로'라는 수식어가 붙은 질문이 나온다면 뒤에는 '항상', '대체로'의 수식어가 붙은 내용은 똑같은 질문이 이어지는 경우가 많다. 따라서 자주 사용되는 수식어를 적절히 구분할 줄 알아야 한다.

3 솔직하게 있는 그대로 표현한다.

인성검사는 평범한 일상생활 내용들을 다룬 짧은 문장과 어떤 대상이나 일에 대한 선호를 선택하는 문장으로 구성되었으므로 평소에 자신이 생각한 바를 너무 골똘히 생각하지 말고 문제를 보는 순간 떠오른 것을 표현한다. 또한 간혹 반복되는 문제들이 출제되기 때문에 일관성 있게 답하지 않으면 감점될 수 있으므로 유의한다.

4 모든 문제를 신속하게 대답한다.

인성검사는 시간제한이 없는 것이 원칙이지만 기업체들은 일정한 시간제한을 두고 있다. 인성검사는 개인의 성격과 자질을 알아보기 위한 검사이기 때문에 정답이 없다. 다만, 기업체에서 바람직하게 생각하거나 기대되는 결과가 있을 뿐이다. 따라서 시간에 쫓겨서 대충 대답을 하는 것은 바람직하지 못하다.

5 자신의 성향과 사고방식을 미리 정리한다.

기업의 인재상을 기초로 하여 일관성, 신뢰성, 진실성 있는 답변을 염두에 두고 꼼꼼히 풀다보면 분명 시간의 촉박함을 느낄 것이다. 따라서 각각의 질문을 너무 골똘히 생각하거나 고민하지 말자. 대신 시험 전에 여유 있게 자신의 성향이나 사고방식에 대해 정리해보는 것이 필요하다.

6 마지막까지 집중해서 검사에 임한다.

장시간 진행되는 검사에 지칠 수 있으므로 마지막까지 집중해서 정확히 답할 수 있도록 해야 한다.

실전 인성검사

❙1~500❙ 다음 제시된 문항이 당신에게 해당한다면 YES, 그렇지 않다면 NO를 선택하시오.

	YES	NO
1. 조금이라도 나쁜 소식은 절망의 시작이라고 생각해버린다.	( )	( )
2. 언제나 실패가 걱정이 되어 어쩔 줄 모른다.	( )	( )
3. 다수결의 의견에 따르는 편이다.	( )	( )
4. 혼자서 커피숍에 들어가는 것은 전혀 두려운 일이 아니다.	( )	( )
5. 승부근성이 강하다.	( )	( )
6. 자주 흥분해서 침착하지 못하다.	( )	( )
7. 지금까지 살면서 타인에게 폐를 끼친 적이 없다.	( )	( )
8. 소곤소곤 이야기하는 것을 보면 자기에 대해 험담하고 있는 것으로 생각된다.	( )	( )
9. 무엇이든지 자기가 나쁘다고 생각하는 편이다.	( )	( )
10. 자신을 변덕스러운 사람이라고 생각한다.	( )	( )
11. 고독을 즐기는 편이다.	( )	( )
12. 자존심이 강하다고 생각한다.	( )	( )
13. 금방 흥분하는 성격이다.	( )	( )
14. 거짓말을 한 적이 없다.	( )	( )
15. 신경질적인 편이다.	( )	( )
16. 끙끙대며 고민하는 타입이다.	( )	( )
17. 감정적인 사람이라고 생각한다.	( )	( )
18. 자신만의 신념을 가지고 있다.	( )	( )
19. 다른 사람을 바보 같다고 생각한 적이 있다.	( )	( )
20. 금방 말해버리는 편이다.	( )	( )
21. 싫어하는 사람이 없다.	( )	( )
22. 대재앙이 오지 않을까 항상 걱정을 한다.	( )	( )
23. 쓸데없는 고생을 사서 하는 일이 많다.	( )	( )
24. 자주 생각이 바뀌는 편이다.	( )	( )
25. 문제점을 해결하기 위해 여러 사람과 상의한다.	( )	( )
26. 내 방식대로 일을 한다.	( )	( )

27. 영화를 보고 운 적이 많다. ·······································( )( )

28. 어떤 것에 대해서도 화낸 적이 없다. ·······························( )( )

29. 사소한 충고에도 걱정을 한다. ···································( )( )

30. 자신은 도움이 안되는 사람이라고 생각한다. ·······················( )( )

31. 금방 싫증을 내는 편이다. ·······································( )( )

32. 개성적인 사람이라고 생각한다. ··································( )( )

33. 자기 주장이 강한 편이다. ·······································( )( )

34. 산만하다는 말을 들은 적이 있다. ·································( )( )

35. 학교를 쉬고 싶다고 생각한 적이 한 번도 없다. ·····················( )( )

36. 사람들과 관계맺는 것을 보면 잘하지 못한다. ·······················( )( )

37. 사려깊은 편이다. ··( )( )

38. 몸을 움직이는 것을 좋아한다. ····································( )( )

39. 끈기가 있는 편이다. ··( )( )

40. 신중한 편이라고 생각한다. ······································( )( )

41. 인생의 목표는 큰 것이 좋다. ·····································( )( )

42. 어떤 일이라도 바로 시작하는 타입이다. ···························( )( )

43. 낯가림을 하는 편이다. ··( )( )

44. 생각하고 나서 행동하는 편이다. ··································( )( )

45. 쉬는 날은 밖으로 나가는 경우가 많다. ····························( )( )

46. 시작한 일은 반드시 완성시킨다. ··································( )( )

47. 면밀한 계획을 세운 여행을 좋아한다. ······························( )( )

48. 야망이 있는 편이라고 생각한다. ··································( )( )

49. 활동력이 있는 편이다. ··( )( )

50. 많은 사람들과 와자지껄하게 식사하는 것을 좋아하지 않는다. ···········( )( )

51. 돈을 허비한 적이 없다. ···( )( )

52. 운동회를 아주 좋아하고 기대했다. ································( )( )

53. 하나의 취미에 열중하는 타입이다. ································( )( )

54. 모임에서 회장에 어울린다고 생각한다. ····························( )( )

55. 입신출세의 성공이야기를 좋아한다. ·······························( )( )

56. 어떠한 일도 의욕을 가지고 임하는 편이다. ·························( )( )

57. 학급에서는 존재가 희미했다. ····································( )( )

58. 항상 무언가를 생각하고 있다. ···································( )( )

59. 스포츠는 보는 것보다 하는 게 좋다. ···( )( )

60. '참 잘했네요'라는 말을 듣는다. ···( )( )

61. 흐린 날은 반드시 우산을 가지고 간다. ···( )( )

62. 주연상을 받을 수 있는 배우를 좋아한다. ···( )( )

63. 공격하는 타입이라고 생각한다. ···( )( )

64. 리드를 받는 편이다. ···( )( )

65. 너무 신중해서 기회를 놓친 적이 있다. ···( )( )

66. 시원시원하게 움직이는 타입이다. ···( )( )

67. 야근을 해서라도 업무를 끝낸다. ···( )( )

68. 누군가를 방문할 때는 반드시 사전에 확인한다. ··( )( )

69. 노력해도 결과가 따르지 않으면 의미가 없다. ··( )( )

70. 무조건 행동해야 한다. ···( )( )

71. 유행에 둔감하다고 생각한다. ··( )( )

72. 정해진 대로 움직이는 것은 시시하다. ···( )( )

73. 꿈을 계속 가지고 있고 싶다. ··( )( )

74. 질서보다 자유를 중요시하는 편이다. ···( )( )

75. 혼자서 취미에 몰두하는 것을 좋아한다. ···( )( )

76. 직관적으로 판단하는 편이다. ··( )( )

77. 영화나 드라마를 보면 등장인물의 감정에 이입된다. ··································( )( )

78. 시대의 흐름에 역행해서라도 자신을 관철하고 싶다. ································( )( )

79. 다른 사람의 소문에 관심이 없다. ···( )( )

80. 창조적인 편이다. ···( )( )

81. 비교적 눈물이 많은 편이다. ··( )( )

82. 융통성이 있다고 생각한다. ···( )( )

83. 친구의 휴대전화 번호를 잘 모른다. ···( )( )

84. 스스로 고안하는 것을 좋아한다. ···( )( )

85. 정이 두터운 사람으로 남고 싶다. ···( )( )

86. 조직의 일원으로 별로 안 어울린다. ···( )( )

87. 세상의 일에 별로 관심이 없다. ···( )( )

88. 변화를 추구하는 편이다. ··( )( )

89. 업무는 인간관계로 선택한다. ··( )( )

90. 환경이 변하는 것에 구애되지 않는다. ···( )( )

YES   NO

91. 불안감이 강한 편이다. ··(   )(   )

92. 인생은 살 가치가 없다고 생각한다. ·····································(   )(   )

93. 의지가 약한 편이다. ···(   )(   )

94. 다른 사람이 하는 일에 별로 관심이 없다. ·························(   )(   )

95. 사람을 설득시키는 것은 어렵지 않다. ·······························(   )(   )

96. 심심한 것을 못 참는다. ···(   )(   )

97. 다른 사람을 욕한 적이 한 번도 없다. ·······························(   )(   )

98. 다른 사람에게 어떻게 보일지 신경을 쓴다. ·······················(   )(   )

99. 금방 낙심하는 편이다. ···(   )(   )

100. 다른 사람에게 의존하는 경향이 있다. ·····························(   )(   )

101. 그다지 융통성이 있는 편이 아니다. ·································(   )(   )

102. 다른 사람이 내 의견에 간섭하는 것이 싫다. ·····················(   )(   )

103. 낙천적인 편이다. ··(   )(   )

104. 숙제를 잊어버린 적이 한 번도 없다. ·······························(   )(   )

105. 밤길에는 발소리가 들리기만 해도 불안하다. ·····················(   )(   )

106. 상냥하다는 말을 들은 적이 있다. ·····································(   )(   )

107. 자신은 유치한 사람이다. ··(   )(   )

108. 잡담을 하는 것보다 책을 읽는 게 낫다. ··························(   )(   )

109. 나는 영업에 적합한 타입이라고 생각한다. ·······················(   )(   )

110. 술자리에서 술을 마시지 않아도 흥을 돋울 수 있다. ···········(   )(   )

111. 한 번도 병원에 간 적이 없다. ··(   )(   )

112. 나쁜 일은 걱정이 되어서 어쩔 줄을 모른다. ·····················(   )(   )

113. 금세 무기력해지는 편이다. ··(   )(   )

114. 비교적 고분고분한 편이라고 생각한다. ····························(   )(   )

115. 독자적으로 행동하는 편이다. ··(   )(   )

116. 적극적으로 행동하는 편이다. ··(   )(   )

117. 금방 감격하는 편이다. ··(   )(   )

118. 어떤 것에 대해서는 불만을 가진 적이 없다. ·····················(   )(   )

119. 밤에 못 잘 때가 많다. ··(   )(   )

120. 자주 후회하는 편이다. ··(   )(   )

121. 뜨거워지기 쉽고 식기 쉽다. ··(   )(   )

122. 자신만의 세계를 가지고 있다. ··(   )(   )

123. 많은 사람 앞에서도 긴장하는 일은 없다. ···································(   )(   )

124. 말하는 것을 아주 좋아한다. ···(   )(   )

125. 인생을 포기하는 마음을 가진 적이 한 번도 없다. ·················(   )(   )

126. 어두운 성격이다. ··(   )(   )

127. 금방 반성한다. ··(   )(   )

128. 활동범위가 넓은 편이다. ···(   )(   )

129. 자신을 끈기 있는 사람이라고 생각한다. ····························(   )(   )

130. 좋다고 생각하더라도 좀 더 검토하고 나서 실행한다. ···········(   )(   )

131. 위대한 인물이 되고 싶다. ··(   )(   )

132. 한 번에 많은 일을 떠맡아도 힘들지 않다. ··························(   )(   )

133. 사람과 만날 약속은 부담스럽다. ······································(   )(   )

134. 질문을 받으면 충분히 생각하고 나서 대답하는 편이다. ·········(   )(   )

135. 머리를 쓰는 것보다 땀을 흘리는 일이 좋다. ······················(   )(   )

136. 결정한 것에는 철저히 구속받는다. ···································(   )(   )

137. 외출 시 문을 잠갔는지 몇 번을 확인한다. ·························(   )(   )

138. 이왕 할 거라면 일등이 되고 싶다. ··································(   )(   )

139. 과감하게 도전하는 타입이다. ···(   )(   )

140. 자신은 사교적이 아니라고 생각한다. ································(   )(   )

141. 무심코 도리에 대해서 말하고 싶어진다. ···························(   )(   )

142. '항상 건강하네요'라는 말을 듣는다. ·································(   )(   )

143. 단념하면 끝이라고 생각한다. ···(   )(   )

144. 예상하지 못한 일은 하고 싶지 않다. ································(   )(   )

145. 파란만장하더라도 성공하는 인생을 걷고 싶다. ··················(   )(   )

146. 활기찬 편이라고 생각한다. ··(   )(   )

147. 소극적인 편이라고 생각한다. ···(   )(   )

148. 무심코 평론가가 되어 버린다. ··(   )(   )

149. 자신은 성급하다고 생각한다. ···(   )(   )

150. 꾸준히 노력하는 타입이라고 생각한다. ····························(   )(   )

151. 내일의 계획이라도 메모한다. ···(   )(   )

152. 리더십이 있는 사람이 되고 싶다. ····································(   )(   )

153. 열정적인 사람이라고 생각한다. ······································(   )(   )

154. 다른 사람 앞에서 이야기를 잘 하지 못한다. ······················(   )(   )

155. 통찰력이 있는 편이다. ……………………………………………………( )( )

156. 엉덩이가 가벼운 편이다. …………………………………………………( )( )

157. 여러 가지로 구애됨이 있다. ………………………………………………( )( )

158. 돌다리도 두들겨 보고 건너는 쪽이 좋다. ……………………………( )( )

159. 자신에게는 권력욕이 있다. ………………………………………………( )( )

160. 업무를 할당받으면 기쁘다. ………………………………………………( )( )

161. 사색적인 사람이라고 생각한다. …………………………………………( )( )

162. 비교적 개혁적이다. …………………………………………………………( )( )

163. 좋고 싫음으로 정할 때가 많다. …………………………………………( )( )

164. 전통에 구애되는 것은 버리는 것이 적절하다. ………………………( )( )

165. 교제 범위가 좁은 편이다. …………………………………………………( )( )

166. 발상의 전환을 할 수 있는 타입이라고 생각한다. ……………………( )( )

167. 너무 주관적이어서 실패한다. ……………………………………………( )( )

168. 현실적이고 실용적인 면을 추구한다. …………………………………( )( )

169. 내가 어떤 배우의 팬인지 아무도 모른다. ……………………………( )( )

170. 현실보다 가능성이다. ………………………………………………………( )( )

171. 마음이 담겨 있으면 선물은 아무 것이나 좋다. ………………………( )( )

172. 여행은 마음대로 하는 것이 좋다. ………………………………………( )( )

173. 추상적인 일에 관심이 있는 편이다. ……………………………………( )( )

174. 일은 대담히 하는 편이다. …………………………………………………( )( )

175. 괴로워하는 사람을 보면 우선 동정한다. ………………………………( )( )

176. 가치기준은 자신의 안에 있다고 생각한다. ……………………………( )( )

177. 조용하고 조심스러운 편이다. ……………………………………………( )( )

178. 상상력이 풍부한 편이라고 생각한다. …………………………………( )( )

179. 의리, 인정이 두터운 상사를 만나고 싶다. ……………………………( )( )

180. 인생의 앞날을 알 수 없어 재미있다. …………………………………( )( )

181. 밝은 성격이다. ………………………………………………………………( )( )

182. 별로 반성하지 않는다. ……………………………………………………( )( )

183. 활동범위가 좁은 편이다. …………………………………………………( )( )

184. 자신을 시원시원한 사람이라고 생각한다. ……………………………( )( )

185. 좋다고 생각하면 바로 행동한다. ………………………………………( )( )

186. 좋은 사람이 되고 싶다. ……………………………………………………( )( )

187. 한 번에 많은 일을 떠맡는 것은 골칫거리라고 생각한다. ···(　)(　)

188. 사람과 만날 약속은 즐겁다. ···(　)(　)

189. 질문을 받으면 그때의 느낌으로 대답하는 편이다. ···(　)(　)

190. 땀을 흘리는 것보다 머리를 쓰는 일이 좋다. ···(　)(　)

191. 결정한 것이라도 그다지 구속받지 않는다. ···(　)(　)

192. 외출 시 문을 잠갔는지 별로 확인하지 않는다. ···(　)(　)

193. 지위에 어울리면 된다. ···(　)(　)

194. 안전책을 고르는 타입이다. ···(　)(　)

195. 자신은 사교적이라고 생각한다. ···(　)(　)

196. 도리는 상관없다. ··(　)(　)

197. '침착하네요'라는 말을 듣는다. ··(　)(　)

198. 단념이 중요하다고 생각한다. ···(　)(　)

199. 예상하지 못한 일도 해보고 싶다. ···(　)(　)

200. 평범하고 평온하게 행복한 인생을 살고 싶다. ···(　)(　)

201. 몹시 귀찮아하는 편이라고 생각한다. ···(　)(　)

202. 특별히 소극적이라고 생각하지 않는다. ···(　)(　)

203. 이것저것 평하는 것이 싫다. ···(　)(　)

204. 자신은 성급하지 않다고 생각한다. ···(　)(　)

205. 꾸준히 노력하는 것을 잘 하지 못한다. ···(　)(　)

206. 내일의 계획은 머릿속에 기억한다. ···(　)(　)

207. 협동성이 있는 사람이 되고 싶다. ···(　)(　)

208. 열정적인 사람이라고 생각하지 않는다. ···(　)(　)

209. 다른 사람 앞에서 이야기를 잘한다. ···(　)(　)

210. 행동력이 있는 편이다. ···(　)(　)

211. 엉덩이가 무거운 편이다. ···(　)(　)

212. 특별히 구애받는 것이 없다. ···(　)(　)

213. 돌다리는 두들겨 보지 않고 건너도 된다. ···(　)(　)

214. 자신에게는 권력욕이 없다. ···(　)(　)

215. 업무를 할당받으면 부담스럽다. ···(　)(　)

216. 활동적인 사람이라고 생각한다. ···(　)(　)

217. 비교적 보수적이다. ··(　)(　)

218. 손해인지 이익인지로 정할 때가 많다. ···(　)(　)

219. 전통을 견실히 지키는 것이 적절하다. ·····································( )( )

220. 교제 범위가 넓은 편이다. ··( )( )

221. 상식적인 판단을 할 수 있는 타입이라고 생각한다. ················( )( )

222. 너무 객관적이어서 실패한다. ···( )( )

223. 보수적인 면을 추구한다. ··( )( )

224. 내가 누구의 팬인지 주변의 사람들이 안다. ··························( )( )

225. 가능성보다 현실이다. ··( )( )

226. 그 사람이 필요한 것을 선물하고 싶다. ·······························( )( )

227. 여행은 계획적으로 하는 것이 좋다. ·····································( )( )

228. 구체적인 일에 관심이 있는 편이다. ·····································( )( )

229. 일은 착실히 하는 편이다. ··( )( )

230. 괴로워하는 사람을 보면 우선 이유를 생각한다. ····················( )( )

231. 가치기준은 자신의 밖에 있다고 생각한다. ··························( )( )

232. 밝고 개방적인 편이다. ··( )( )

233. 현실 인식을 잘하는 편이라고 생각한다. ·······························( )( )

234. 공평하고 공적인 상사를 만나고 싶다. ·································( )( )

235. 시시해도 계획적인 인생이 좋다. ···( )( )

236. 적극적으로 사람들과 관계를 맺는 편이다. ··························( )( )

237. 활동적인 편이다. ···( )( )

238. 몸을 움직이는 것을 좋아하지 않는다. ·································( )( )

239. 쉽게 질리는 편이다. ··( )( )

240. 경솔한 편이라고 생각한다. ···( )( )

241. 인생의 목표는 손이 닿을 정도면 된다. ·······························( )( )

242. 무슨 일도 좀처럼 시작하지 못한다. ·····································( )( )

243. 초면인 사람과도 바로 친해질 수 있다. ·······························( )( )

244. 행동하고 나서 생각하는 편이다. ···( )( )

245. 쉬는 날은 밖에 있는 경우가 많다. ·····································( )( )

246. 완성되기 전에 포기하는 경우가 많다. ·································( )( )

247. 계획 없는 여행을 좋아한다. ···( )( )

248. 욕심이 없는 편이라고 생각한다. ···( )( )

249. 활동력이 별로 없다. ··( )( )

250. 많은 사람들과 왁자지껄하게 식사하는 것은 피곤하다. ···········( )( )

251. 자주 우울하거나 슬프며 기운이 빠진다. ··(　)(　)

252. 미래에 대해 비관적이거나 자신감이 없다. ··(　)(　)

253. 현실적로 내 미래에는 희망이 별로 없다고 생각한다. ···(　)(　)

254. 한 사람의 인간으로서 실망스러운 사람이라고 생각한다. ····································(　)(　)

255. 스스로에 대해 자부심이 들지 않는다. ···(　)(　)

256. 대부분의 시간이 만족스럽지 못하거나 지루하다. ··(　)(　)

257. 지금까지 인생을 살아온 방식이 마음에 들지 않는다. ··(　)(　)

258. 기분이 나쁘거나 자신이 쓸모없게 느껴지는 경우가 많다. ···································(　)(　)

259. 일이 현실적으로 잘못되면 스스로 자책하는 편이다. ··(　)(　)

260. 자해나 자살을 생각해본 일이 있다. ···(　)(　)

261. 차라리 죽었으면 좋겠다고 고민한 적이 있다. ··(　)(　)

262. 많이 운다. ··(　)(　)

263. 예전에 비해 더 쉽사리 짜증이 나거나 초조해진다. ··(　)(　)

264. 작은 일로 상한 감정이 다른 사람들에 대해 환멸로 발전하는 경우가 종종 있다. ····(　)(　)

265. 예전에 비해 혼자서 결정을 내리기가 더 힘들어졌다. ··(　)(　)

266. 더 이상 외모에 관심을 쏟지 않는다. ···(　)(　)

267. 좋지 않은 기분이 일에도 영향을 미친다. ··(　)(　)

268. 평소보다 아침에 1시간 이상 더 빨리 눈이 떠지지만 다시 잠들기는 힘들다. ·······(　)(　)

269. 아무 이유 없이 피곤하다. ···(　)(　)

270. 밥맛이 없다. ··(　)(　)

271. 종종 폭식을 하는 습관이 있다. ···(　)(　)

272. 아침에 나쁘던 기분이 저녁이 되면 다소 좋아진다. ··(　)(　)

273. 종전에는 쉽게 하던 집안일이나 직장일이 요즘은 힘들게 느껴진다. ····················(　)(　)

274. 가까운 친척 중에 우울증 증세를 보였던 사람이 있다. ··(　)(　)

275. 발생되지 않을 일을 미리 걱정한다. ··(　)(　)

276. 사람들의 대화에 집중을 잘 못하는 편이다. ··(　)(　)

277. 공공장소보다 폐쇄된 공간을 좋아한다. ···(　)(　)

278. 작은 소음에도 잘 놀라며, 심장이 잘 두근거린다. ··(　)(　)

279. 공복감을 자주 느끼며 공허해지는 경우가 많다. ··(　)(　)

280. 실수에 대한 반복이 잦고, 일을 해결하는데 있어 시간이 오래 걸린다. ················(　)(　)

281. 가끔 어딘가 갇힌 것처럼 마음이 답답하고 복잡한 감정을 느낀다. ·····················(　)(　)

282. 잠을 자도 무기력해하고, 아침에 주로 피곤하다. ···(　)(　)

283. 문장을 몇 번씩 읽어보는 버릇, 이해가 될 때까지 해결하려는 성향이 강하다. ········(　)(　)

284. 혼자라는 생각이 들며 상황마다 불길한 느낌을 받는다. ································(　)(　)

285. 갑자기 불같이 화를 내며, 감정의 폭이 들쑥날쑥 한다. ································(　)(　)

286. 스스로에 대해 오래 살 수 있을 것인가, 건강한가에 대한 질문을 한다. ··········(　)(　)

287. 술을 마시면 전날 있었던 일을 기억하기 힘들다. ····································(　)(　)

288. 쉴 틈 없이 바쁜 하루가 좋다. ··(　)(　)

289. 운동을 일주일에 5회 이상 꾸준히 하고 있다. ······································(　)(　)

290. 불쌍한 사람을 보면 주머니에 갖고 있는 돈을 다 줄 수 있다. ··················(　)(　)

291. 어린이나 동물을 돌보는 것을 좋아한다. ··(　)(　)

292. 악기를 연주하거나 음악 감상하는 것이 취미이다. ··································(　)(　)

293. 별다른 취미가 없다. ··(　)(　)

294. 스마트폰을 하루 2시간이상 이용한다. ··(　)(　)

295. 스마트폰에 설치된 어플이 30개 이상이다. ··(　)(　)

296. 화장실에 갈 때도 스마트폰을 가져간다. ··(　)(　)

297. 밥을 먹다가도 스마트폰 알림소리가 나면 뛰어가서 확인한다. ··················(　)(　)

298. 맛있는 음식이 있으면 멀리라도 찾아가서 사먹는다. ······························(　)(　)

299. 운동을 하는 것보다 가만히 책을 읽거나 쉬는 것을 좋아한다. ··················(　)(　)

300. 언제 죽을지도 모른다는 불안감에 두렵다. ··(　)(　)

301. 갑자기 재난이나 재해가 발생하는 것은 아닌지 걱정을 한다. ····················(　)(　)

302. 쇼핑을 일주일에 1회 이상 한다. ··(　)(　)

303. 갖고 싶은 물건이 있으면 아르바이트를 해서라도 반드시 산다. ················(　)(　)

304. 최근에 육체적으로나 정신적으로 힘들다고 느낀적이 많다. ······················(　)(　)

305. 수면 중 자주 깬다. ··(　)(　)

306. 충분히 수면을 취해도 피곤하다. ··(　)(　)

307. 혼자 있을 때 편안함보다는 불안감을 느낀다. ······································(　)(　)

308. 하는 일에 만족을 느끼지 못한다. ··(　)(　)

309. 술이나 담배, 커피가 늘어난다. ··(　)(　)

310. 약속을 자주 어긴다. ··(　)(　)

311. 최근 들어 건망증이 심해진 것 같다. ··(　)(　)

312. 아침 기상 후 몸이 무겁다. ··(　)(　)

313. 부정적인 생각과 부정적인 말을 자주 한다. ··(　)(　)

314. 행동이 거칠어지고 난폭한 언어도 가리지 않고 한다. ····························(　)(　)

315. 같은 식사량임에도 불구하고 최근 갑작스러운 체중 증가 또는 감소 증상을 보인다. ………(　)(　)

316. 아무 일 없이 눈물이 자주난다. …………………………………………………(　)(　)

317. 어떤 일을 집중해서 오래하지 못 한다. ……………………………………(　)(　)

318. 앉아서도 손발을 가만두지 못하고 몸을 뒤튼다. …………………………(　)(　)

319. 외부자극에 의해 쉽게 주의가 산만해진다. …………………………………(　)(　)

320. 게임이나 그룹상황에서 차례를 기다리지 못한다. …………………………(　)(　)

321. 질문이 끝나기도 전에 대답이 불쑥 튀어나오는 경우가 잦다. ……………(　)(　)

322. 다른 사람의 지시에 따라 일을 끝마치기가 힘들다. ………………………(　)(　)

323. 해야 할 일이나 활동에 계속 집중하는데 어려움이 있다. …………………(　)(　)

324. 한 가지 활동을 끝마치기 전에 다른 활동으로 자주 옮긴다. ……………(　)(　)

325. 특별히 좋아하는 놀이나 활동이 없다. ………………………………………(　)(　)

326. 자해를 하거나 다른 사람을 괴롭히며 좋아한다. ……………………………(　)(　)

327. 자주 다른 사람을 방해 또는 참견한다. ……………………………………(　)(　)

328. 다른 사람이 나에게 뭐라고 하는지 듣지 않는 것 같다. …………………(　)(　)

329. 필요한 물건들을 자주 잃어버린다. …………………………………………(　)(　)

330. 변비가 있고 이따금 어지러워한다. …………………………………………(　)(　)

331. 필요한 경우에도 계속 앉아 있기 힘들다. …………………………………(　)(　)

332. 조용히 놀기 힘들다. ……………………………………………………………(　)(　)

333. 갑자기 말을 하지 않고 있을 때가 있다. ……………………………………(　)(　)

334. 신경이 날카롭고 곤두서있거나 긴장되어있다. ……………………………(　)(　)

335. 어떤 생각을 떨쳐버리지 못하고 강박 증세를 보인다. ……………………(　)(　)

336. 어른들과 항상 붙어 있으려 하고 의존적이다. ……………………………(　)(　)

337. 집으로 돌아오면 운동복 차림이다. …………………………………………(　)(　)

338. 휴일은 무조건 편한 옷을 입고 있다. ………………………………………(　)(　)

339. '귀찮아, 대충, 뭐, 어때'가 입버릇이다. ……………………………………(　)(　)

340. 술 취한 다음날, 정체 모를 물건이 방에 있다. ……………………………(　)(　)

341. 제모는 여름에만 해도 된다. …………………………………………………(　)(　)

341. 잊은 물건이 있으면 신발을 신은 채 까치발로 방에 가지러 간다. ………(　)(　)

342. 이메일 또는 문자메시지 답변은 짧고 늦게 보내는 편이다. ………………(　)(　)

343. 텔레비전을 향해 혼자 열을 낸 적이 있다. …………………………………(　)(　)

344. 집에 있는 냉장고에 변변한 먹을거리가 없다. ……………………………(　)(　)

345. 냄비에 직접 대고 라면을 먹는다. ……………………………………………(　)(　)

346. 방에 널어놓은 세탁물은 개기 전에 입어 버린다. ·····················(   )(   )

347. 최근 두근두근 했던 일은 계단을 뛰어 올라갔던 것 정도이다. ·············(   )(   )

348. 1개월 이상 일이나 가족 이외의 사람과 10분 이상 말하지 않았다. ···········(   )(   )

349. 솔직히 이걸 전부 체크하는 게 귀찮다. ····························(   )(   )

350. 질문에 체크하면서도 그다지 신경 쓰지 않는 나 자신을 깨달았다. ···········(   )(   )

351. 격투기가 왜 재미있는지 모르겠다. ·····························(   )(   )

352. 회식에서 건배할 때 술이 아닌 음료수도 괜찮다. ·····················(   )(   )

353. 고백을 받으면 일단 누군가에게 상담한다. ·························(   )(   )

354. 소녀 취향의 만화가 싫지는 않다. ·····························(   )(   )

355. 이성 친구들과 잘 어울리지만, 연애로 발전하는 경우가 거의 없다. ···········(   )(   )

356. 편의점 신제품에 항상 관심을 가진다. ···························(   )(   )

357. 일할 때 과자 등의 간식을 옆에 둔다. ···························(   )(   )

358. 외출보다 집에 있는 것을 더 좋아한다. ···························(   )(   )

359. 이성을 위해 돈을 쓰는 것보다 다양한 취미생활을 즐기며 산다. ···········(   )(   )

360. 기부를 할 때는 비공식적으로 무기명으로 하는 것을 선호한다. ·············(   )(   )

361. 손재주가 좋아서 손으로 무언가를 만드는 것을 즐긴다. ·················(   )(   )

362. 출퇴근 시간이 정확하고 일정한 직업을 선호한다. ·····················(   )(   )

363. 결과에 상관없이 정해진 기간 안에 일을 마치면 성취감을 느낀다. ···········(   )(   )

364. 나는 남을 설득하여 무언가를 하게 하는 것에 관심이 없다. ···············(   )(   )

365. 다른 사람에게 동기를 부여해주는 것은 좋은 일이라 생각하여 늘 시도하고 있다. ···(   )(   )

366. 휴일이 주어진다면 한적한 곳으로 놀러가서 혼자만의 시간을 만끽하고 싶다. ·····(   )(   )

367. 가전제품을 새로 사면 설명서를 꼼꼼하게 읽는다. ·····················(   )(   )

368. 장애인이나 자폐아를 돕는 봉사활동을 6개월 이상 한 경험이 있다. ···········(   )(   )

369. 모임에서 나는 나서기 보다는 다른 사람들의 말과 행동을 관찰하는 것을 좋아한다. ··(   )(   )

370. 솔직히 말하면 나에게 리더 자리는 버겁고 현실적이지 못하다. ·············(   )(   )

371. 일과가 끝난 후 나는 다수의 사람들과 모임을 갖는 것을 좋아한다. ···········(   )(   )

372. 퇴근 후 학원을 다니며 혼자 있는 시간을 보내고 싶다. ·················(   )(   )

373. 타임머신을 타고 2030년으로 갈 수 있다면 가장 먼저 하고 싶은 것은 돈을 벌 수 있는 투자처의 확인이다. ·······································(   )(   )

374. 연애소설 보다는 추리소설이 더 흥미있다. ·························(   )(   )

375. 책을 읽을 때 특히 한 장르에 집중하여 읽는 편이다. ···················(   )(   )

376. 여러 종류의 지식을 두루두루 얕게 아는 것이 다른 것을 아무것도 모르는 것보다 낫다고
생각한다. ··( )( )

377. 내 방청소를 어머니가 대신 해줬을 때 나의 기분은 몹시 불쾌하다. ·····························( )( )

378. 내 방의 물건을 가족이 마음대로 써도 괜찮다. ···( )( )

379. 현실적이고 구체적인 상상을 하는 것보다는 두서없는 공상을 하는 것을 좋아한다. ·····( )( )

380. 만일 1년 전의 시간으로 돌아간다면 세계 일주를 할 것이다. ··( )( )

381. 만일 1년 전의 시간으로 돌아간다면 공부나 취업준비를 할 것이다. ······························( )( )

382. 나는 제조와 사물의 조작에 무궁무진한 흥미를 갖고 있다. ···( )( )

383. 나는 밤 시간에 가장 마음이 편안하다. ··( )( )

384. 나는 아침시간이 가장 마음이 편하고 좋다. ··( )( )

385. 밤늦은 시간에 활기가 생긴다. ···( )( )

386. 아침 시간에는 머리가 멍하고 기운이 없다. ···( )( )

387. 잠자리에 들기 전에 오늘 하루도 괜찮았다고 생각하며 잠이 든다. ·······························( )( )

388. 잠자리에 들기 전에 하루 중 아쉬웠던 부분 후회하는 부분이 떠오른다. ·······················( )( )

389. 일을 할 때 다른 사람이 간섭하는 것이 몹시 언짢다. ··( )( )

390. 주체적으로 혼자 일을 기획하는 것이 스트레스가 없어서 좋다. ······································( )( )

391. 모르는 사람과 만나서 웃고 떠드는 것이 솔직히 부담스럽다. ···( )( )

392. 오늘의 운세나 역술인의 말에 신경을 쓰는 편이다. ··( )( )

393. 신문을 펴면 가장 먼저 날씨를 확인한다. ··( )( )

394. 한 겨울에는 밖에 있는 것보다 실내에 있는 것이 낫다. ···( )( )

395. 건강에 무리를 주면서 까지 무언가를 열심히 한 적이 있다. ···( )( )

396. 한 직장을 평생 다니는 것은 현실적으로 불가능하다. ···( )( )

397. 가전제품이 고장 나면 무조건 서비스 센터에 가져간다. ···( )( )

398. 가전제품이 고장 나면 혹시 고쳐볼 수 있지 않을까 하는 생각에 뜯어본다. ···················( )( )

399. 휴가는 반드시 며칠 동안 멀리 나가야한다. ···( )( )

400. 휴가 기간엔 집에서 조용히 쉬는 것이 편하다. ··( )( )

401. 음식점에서 다 같이 한 그릇에 먹는 찌개류는 꺼리게 된다. ···( )( )

402. 아무리 싫어하는 음식이어도 회식에서 먹어야한다면 먹는다. ···( )( )

403. 술을 잘 마시지는 못하지만 마시는 것을 좋아한다. ···( )( )

404. 가끔 기억이 나지 않을 정도로 술을 마신 적이 있다. ··( )( )

405. 술자리에서 실수를 하는 사람이 있으면 따끔하게 충고한다. ···( )( )

406. 술자리에서 누군가가 실수를 하면 모른 척 해준다. ···( )( )

407. 항상 약속시간에 임박하여 다급하게 간다. ……………………………………………( )( )

408. 일을 미뤄뒀다가 한 번에 하는 게 더 효율적이다. ………………………………( )( )

409. 일은 천천히 조금씩 하는 것이 마음이 편하다. ……………………………………( )( )

410. 운동을 일주일에 1시간이상 5일 이상 한다. …………………………………………( )( )

411. 야외활동을 하는 것이 적성에 맞다 생각한다. ………………………………………( )( )

412. 예술 활동에 관심이 많다. ………………………………………………………………( )( )

413. 운동경기는 관람하는 것보다 직접 하는 것이 더 좋다. …………………………( )( )

414. 운동경기는 관람하는 것이 더 재밌다. ………………………………………………( )( )

415. 몸이 힘들면 의지가 약해진다. …………………………………………………………( )( )

416. 최근 들어 많이 불안하고 몸이 아프다. ……………………………………………( )( )

417. 낯선 공간에 가면 겁부터 난다. ………………………………………………………( )( )

418. 몸이 아무리 피곤하고 아파도 노약자석에는 앉을 수 없다. ……………………( )( )

419. 선착순이나 한정판이라는 말에 약하다 ………………………………………………( )( )

420. 타지에 내려가서 혼자 생활해야하는 것에 대해 자신이 없다. …………………( )( )

421. 어른들과 대화하는 것에 어려움이 있다. ……………………………………………( )( )

422. 나는 무엇이든 그대로 유지되는 것이 좋다. …………………………………………( )( )

423. 물건은 정해진 자리에 그대로 있는 것이 좋다. ……………………………………( )( )

424. 나는 변화와 새로운 것이 좋다. ………………………………………………………( )( )

425. 새로운 만남을 시작하는 것은 매우 흥미로운 일이다. ……………………………( )( )

426. 어떤 사람과도 이야깃거리가 넘친다. …………………………………………………( )( )

427. 나는 모르는 사람들과 함께 있는 것이 불편하고 익숙하지 않다. ………………( )( )

428. 어떤 사람들은 내가 내성적이라고 생각하기도 한다. ……………………………( )( )

429. 해야 할 일 목록을 작성하는 것을 좋아한다. ………………………………………( )( )

430. 해야 할 일을 작성한다고 해도 목록대로 엄격히 실천하지 않는다. ……………( )( )

431. 해야 할 일 목록은 그냥 나에게 주의를 주는 역할을 할 뿐 그 이상은 아니다. …( )( )

432. 해야 할 일을 적고 해내었을 때 만족감과 성취감을 느낀다. ……………………( )( )

433. 한 가지 일을 마치고 다음 일을 시작한다. …………………………………………( )( )

434. 다른 사람들은 나를 알기 쉬운 사람이라고 생각한다. ……………………………( )( )

435. 대부분의 사람들은 내가 우호적이고 활기차다고 생각한다. ……………………( )( )

436. 다른 사람들은 나에 대해 쉽게 알지 못한다. ………………………………………( )( )

437. 나는 먼저 나서지 않고 다른 사람이 어떤 제안을 할 때까지 기다리는 편이다. …( )( )

438. 나는 관심의 중심이 되는 것을 즐긴다. ……………………………………………( )( )

439. 스포트라이트를 받는 것이 좋다. ……………………………………………( )( )

440. 나는 관심의 중심이 되는 것을 피하는 편이다. ………………………………( )( )

441. 나는 말할 때 생각하며 말한다. ………………………………………………( )( )

442. 나는 생각 후 말한다. ……………………………………………………………( )( )

443. 전화보다는 문자나 SNS를 사용하는 것이 더 편하다. …………………………( )( )

444. 나는 말을 매우 잘하는 편이다. ………………………………………………( )( )

445. 나는 말로 모르는 사람에게 물건을 팔 수도 있다. ……………………………( )( )

446. 가끔은 내가 쉬지 않고 말해서 타인이 내 말을 끊어야 멈추기도 한다. ……( )( )

447. 난 언제 어디서나 누구와도 열정적인 대화가 가능하다. ……………………( )( )

448. 나는 일대일 대화나 작은 범위 내에서 이야기 하는 것을 선호한다. ………( )( )

449. 나는 마당발이라 할 수 있을 만큼 아는 사람이 많다. …………………………( )( )

450. 나는 친구를 선택할 때 매우 조심하는 편이다. ………………………………( )( )

451. 나의 관심은 더 큰 외부의 세계에 있다. ………………………………………( )( )

452. 나만의 세계가 있다. ……………………………………………………………( )( )

453. 나는 꽤 긴 시간을 자기반성 하는 것에 보낸다. ………………………………( )( )

454. 나는 팀워크가 좋은 편이다. …………………………………………………( )( )

455. 내가 스스로 할 수 있는 최대한 스스로 한다. …………………………………( )( )

456. 나는 나만의 공간과 나만의 자유를 느끼는 것을 좋아한다. …………………( )( )

457. 나의 취미는 매우 다양하다. …………………………………………………( )( )

458. 나는 무엇이든 다 조금씩 관심이 있다. ………………………………………( )( )

459. 나는 한 가지만 파는 것을 좋아한다. …………………………………………( )( )

460. 가상세계는 나에게 기쁨을 가져다준다. ………………………………………( )( )

461. 컴퓨터나 휴대폰으로 게임을 하는 것은 시간낭비이다. ………………………( )( )

462. 나의 직감과 영감, 상상력, 통찰력을 믿는다. …………………………………( )( )

463. 주변에 정말 싫어하는 사람이 있다. …………………………………………( )( )

464. 나는 남에게 설득당하는 것은 참지 못한다. …………………………………( )( )

465. 기분이 나쁘면 먹은 음식이 체한 것 같다. ……………………………………( )( )

466. 컨디션이 안 좋으면 주변사람에게 짜증을 낸다. ………………………………( )( )

467. 가족이 있지만 커다란 애착은 없다. …………………………………………( )( )

468. 직업 때문이라면 가족과 떨어져서 지낼 수도 있다. …………………………( )( )

469. 모임에서 음주를 권하는 편이다. ………………………………………………( )( )

470. 솔직히 말하면 내 주변에 있는 리더들은 존경스럽지 못하다. ………………( )( )

471. 일과가 끝난 후 나는 다수의 혼자 있는 것을 좋아한다. ·····························( )( )

472. 퇴근 후 학원을 다니며 자기계발을 할 수 있는 시간을 보내고 싶다. ··············( )( )

473. 타임머신을 타고 1980년대로 갈 수 있다면 내 자신을 안 태어나게 하고 싶다. ·······( )( )

474. 남들의 연애사에는 관심이 없다. ···( )( )

475. 책을 읽을 때 장르에 치우치지 않고 두루두루 읽는 편이다. ···················( )( )

476. 종교에 심하게 빠져있는 사람들을 보면 한심하다는 생각이 든다. ··············( )( )

477. 내 자리의 물건을 말없이 가져가는 사람은 경멸스럽다. ·····················( )( )

478. 길거리를 걸으며 음식을 먹는 것은 괜찮다고 생각한다. ·····················( )( )

479. 현실적이고 구체적인 계획을 만드는 것을 좋아한다. ·······················( )( )

480. 만일 5년 전의 시간으로 돌아간다면 학교를 가지 않을 것이다. ················( )( )

481. 불편한 사람과는 밥도 먹기 싫다. ··( )( )

482. 나는 공작활동에 관심이 많고 만드는 것을 좋아한다. ·······················( )( )

483. 사투리 억양이 심한 것은 흠이라고 생각한다. ······························( )( )

484. 나는 아침시간이 가장 상쾌하고 좋다. ······································( )( )

485. 밤늦은 시간에 오히려 기분이 좋아지고 활기가 생긴다. ·····················( )( )

486. 아침 시간에는 잠이 많아서 움직이기 힘들다. ······························( )( )

487. 잠자리에 들기 전에 오늘 하루도 피곤했다고 생각하며 잠이 든다. ············( )( )

488. 잠자리에 들기 전에 아무 생각이 없다. ······································( )( )

489. 주변인이 나에게 간섭하는 것이 몹시 언짢다. ······························( )( )

490. 팀으로 일하는 것보다 혼자 일을 기획하는 것이 스트레스가 없어서 좋다. ·······( )( )

491. 주변에 음주를 즐기는 사람을 보면 솔직히 친해지고 싶지 않고 부담스럽다. ·······( )( )

492. 포춘 쿠키나 별자리 운세를 주기적으로 확인한다. ·························( )( )

493. 기상청 홈페이지에 들어가서 날씨를 확인한다. ····························( )( )

494. 야외활동을 하는 것이 실내에 있는 것보다 낫다. ···························( )( )

495. 패션에 관심이 많은 이성을 보면 거부감이 생긴다. ·························( )( )

496. 영화관을 혼자서 가는 것에 익숙하다. ······································( )( )

497. 핸드폰이 고장 나면 일단 센터에 가져간다. ································( )( )

498. 한정판매라는 단어에 약해서 일단 사고 본다. ······························( )( )

499. 매일 운동을 하는 것이 좋다. ···( )( )

500. 휴가 기간엔 여러 사람들과 만나 여행을 떠나는 것이 좋다. ···················( )( )

면접

성공취업을 위한 면접의 기본 및 면접기출을 수록하여
취업의 마무리까지 깔끔하게 책임집니다.

면접

면접의 기본

CHAPTER

1 면접의 기본

(1) 면접의 기본 원칙

① **면접의 의미** … 면접이란 다양한 면접기법을 활용하여 지원한 직무에 필요한 능력을 지원자가 보유하고 있는지를 확인하는 절차라고 할 수 있다. 즉, 지원자의 입장에서는 채용 직무수행에 필요한 요건들과 관련하여 자신의 환경, 경험, 관심사, 성취 등에 대해 기업에 직접 어필할 수 있는 기회를 제공받는 것이며, 기업의 입장에서는 서류전형만으로 알 수 없는 지원자에 대한 정보를 직접적으로 수집하고 평가하는 것이다.

② **면접의 특징** … 면접은 기업의 입장에서 서류전형이나 필기전형에서 드러나지 않는 지원자의 능력이나 성향을 볼 수 있는 기회로, 면대면으로 이루어지며 즉흥적인 질문들이 포함될 수 있기 때문에 지원자가 완벽하게 준비하기 어려운 부분이 있다. 하지만 지원자 입장에서도 서류전형이나 필기전형에서 모두 보여주지 못한 자신의 능력 등을 기업의 인사담당자에게 어필할 수 있는 추가적인 기회가 될 수도 있다.

[서류·필기전형과 차별화되는 면접의 특징]

- 직무수행과 관련된 다양한 지원자 행동에 대한 관찰이 가능하다.
- 면접관이 알고자 하는 정보를 심층적으로 파악할 수 있다.
- 서류상의 미비한 사항과 의심스러운 부분을 확인할 수 있다.
- 커뮤니케이션 능력, 대인관계 능력 등 행동·언어적 정보도 얻을 수 있다.

③ **면접의 유형**
　㉠ **구조화 면접**: 구조화 면접은 사전에 계획을 세워 질문의 내용과 방법, 지원자의 답변 유형에 따른 추가 질문과 그에 대한 평가 역량이 정해져 있는 면접 방식으로 표준화 면접이라고도 한다.
　　- 표준화된 질문이나 평가요소가 면접 전 확정되며, 지원자는 편성된 조나 면접관에 영향을 받지 않고 동일한 질문과 시간을 부여받을 수 있다.
　　- 조직 또는 직무별로 주요하게 도출된 역량을 기반으로 평가요소가 구성되어, 조직 또는 직무에서 필요한 역량을 가진 지원자를 선발할 수 있다.
　　- 표준화된 형식을 사용하는 특성 때문에 비구조화 면접에 비해 신뢰성과 타당성, 객관성이 높다.

ⓛ 비구조화 면접 : 비구조화 면접은 면접 계획을 세울 때 면접 목적만을 명시하고 내용이나 방법은 면접관에게 전적으로 일임하는 방식으로 비표준화 면접이라고도 한다.

- 표준화된 질문이나 평가요소 없이 면접이 진행되며, 편성된 조나 면접관에 따라 지원자에게 주어지는 질문이나 시간이 다르다.
- 면접관의 주관적인 판단에 따라 평가가 이루어져 평가 오류가 빈번히 일어난다.
- 상황 대처나 언변이 뛰어난 지원자에게 유리한 면접이 될 수 있다.

④ 경쟁력 있는 면접 요령

㉠ 면접 전에 준비하고 유념할 사항

- 예상 질문과 답변을 미리 작성한다.
- 작성한 내용을 문장으로 외우지 않고 키워드로 기억한다.
- 지원한 회사의 최근 기사를 검색하여 기억한다.
- 지원한 회사가 속한 산업군의 최근 기사를 검색하여 기억한다.
- 면접 전 1주일간 이슈가 되는 뉴스를 기억하고 자신의 생각을 반영하여 정리한다.
- 찬반토론에 대비한 주제를 목록으로 정리하여 자신의 논리를 내세운 예상답변을 작성한다.

㉡ 면접장에서 유념할 사항

- 질문의 의도 파악 : 답변을 할 때에는 질문 의도를 파악하고 그에 충실한 답변이 될 수 있도록 질문사항을 유념해야 한다. 많은 지원자가 하는 실수 중 하나로 답변을 하는 도중 자기 말에 심취되어 질문의 의도와 다른 답변을 하거나 자신이 알고 있는 지식만을 나열하는 경우가 있는데, 이럴 경우 의사소통능력이 부족한 사람으로 인식될 수 있으므로 주의하도록 한다.
- 답변은 두괄식 : 답변을 할 때에는 두괄식으로 결론을 먼저 말하고 그 이유를 설명하는 것이 좋다. 미괄식으로 답변을 할 경우 용두사미의 답변이 될 가능성이 높으며, 결론을 이끌어 내는 과정에서 논리성이 결여될 우려가 있다. 또한 면접관이 결론을 듣기 전에 말을 끊고 다른 질문을 추가하는 예상치 못한 상황이 발생될 수 있으므로 답변은 자신이 전달하고자 하는 바를 먼저 밝히고 그에 대한 설명을 하는 것이 좋다.
- 지원한 회사의 기업정신과 인재상을 기억 : 답변을 할 때에는 회사가 원하는 인재라는 인상을 심어주기 위해 지원한 회사의 기업정신과 인재상 등을 염두에 두고 답변을 하는 것이 좋다. 모든 회사에 해당되는 두루뭉술한 답변보다는 지원한 회사에 맞는 맞춤형 답변을 하는 것이 좋다.
- 나보다는 회사와 사회적 관점에서 답변 : 답변을 할 때에는 자기중심적인 관점을 피하고 좀 더 넓은 시각으로 회사와 국가, 사회적 입장까지 고려하는 인재임을 어필하는 것이 좋다. 자기중심적 시각을 바탕으로 자신의 출세만을 위해 회사에 입사하려는 인상을 심어줄 경우 면접에서 불이익을 받을 가능성이 높다.
- 난처한 질문은 정직한 답변 : 난처한 질문에 답변을 해야 할 때에는 피하기보다는 정면 돌파로 정직하고 솔직하게 답변하는 것이 좋다. 난처한 부분을 감추고 드러내지 않으려 회피하려는 지원자의 모습은 인사담당자에게 입사 후에도 비슷한 상황에 처했을 때 회피할 수도 있다는 우려를 심어줄 수 있다. 따라서 직장생활에 있어 중요한 덕목 중 하나인 정직을 바탕으로 솔직하게 답변을 하도록 한다.

(2) 면접의 종류 및 준비 전략

① 인성면접

　㉠ 면접 방식 및 판단기준

　　• 면접 방식 : 인성면접은 면접관이 가지고 있는 개인적 면접 노하우나 관심사에 의해 질문을 실시한다. 주로 입사지원서나 자기소개서의 내용을 토대로 지원동기, 과거의 경험, 미래 포부 등을 이야기하도록 하는 방식이다.

　　• 판단기준 : 면접관의 개인적 가치관과 경험, 해당 역량의 수준, 경험의 구체성 · 진실성 등

　㉡ 특징 : 인성면접은 그 방식으로 인해 역량과 무관한 질문들이 많고 지원자에게 주어지는 면접질문, 시간 등이 다를 수 있다. 또한 입사지원서나 자기소개서의 내용을 토대로 하기 때문에 지원자별 질문이 달라질 수 있다.

　㉢ 예시 문항 및 준비전략

　　• 예시 문항

> • 3분 동안 자기소개를 해 보십시오.
> • 자신의 장점과 단점을 말해 보십시오.
> • 학점이 좋지 않은데 그 이유가 무엇입니까?
> • 최근에 인상 깊게 읽은 책은 무엇입니까?
> • 회사를 선택할 때 중요시하는 것은 무엇입니까?
> • 일과 개인생활 중 어느 쪽을 중시합니까?
> • 10년 후 자신은 어떤 모습일 것이라고 생각합니까?
> • 휴학 기간 동안에는 무엇을 했습니까?

　　• 준비전략 : 인성면접은 입사지원서나 자기소개서의 내용을 바탕으로 하는 경우가 많으므로 자신이 작성한 입사지원서와 자기소개서의 내용을 충분히 숙지하도록 한다. 또한 최근 사회적으로 이슈가 되고 있는 뉴스에 대한 견해를 묻거나 시사상식 등에 대한 질문을 받을 수 있으므로 이에 대한 대비도 필요하다. 자칫 부담스러워 보이지 않는 질문으로 가볍게 대답하지 않도록 주의하고 모든 질문에 입사 의지를 담아 성실하게 답변하는 것이 중요하다.

② 발표면접

　㉠ 면접 방식 및 판단기준

　　• 면접 방식 : 지원자가 특정 주제와 관련된 자료를 검토하고 그에 대한 자신의 생각을 면접관 앞에서 주어진 시간 동안 발표하고 추가 질의를 받는 방식으로 진행된다.

　　• 판단기준 : 지원자의 사고력, 논리력, 문제해결력 등

　㉡ 특징 : 발표면접은 지원자에게 과제를 부여한 후, 과제를 수행하는 과정과 결과를 관찰 · 평가한다. 따라서 과제수행 결과뿐 아니라 수행과정에서의 행동을 모두 평가할 수 있다.

ⓒ 예시 문항 및 준비전략

• 예시 문항

[신입사원 조기 이직 문제]

※ 지원자는 아래에 제시된 자료를 검토한 뒤, 신입사원 조기 이직의 원인을 크게 3가지로 정리하고 이에 대한 구체적인 개선안을 도출하여 발표해 주시기 바랍니다.

※ 본 과제에 정해진 정답은 없으나 논리적 근거를 들어 개선안을 작성해 주십시오.

• A기업은 동종업계 유사기업들과 비교해 볼 때, 비교적 높은 재무안정성을 유지하고 있으며 업무강도가 그리 높지 않은 것으로 외부에 알려져 있음.
• 최근 조사결과, 동종업계 유사기업들과 연봉을 비교해 보았을 때 연봉 수준도 그리 나쁘지 않은 편이라는 것이 확인되었음.
• 그러나 지난 3년간 1~2년차 직원들의 이직률이 계속해서 증가하고 있는 추세이며, 경영진 회의에서 최우선 해결과제 중 하나로 거론되었음.
• 이에 따라 인사팀에서 현재 1~2년차 사원들을 대상으로 개선되어야 하는 A기업의 조직문화에 대한 설문조사를 실시한 결과, '상명하복식의 의사소통'이 36.7%로 1위를 차지했음.
• 이러한 설문조사와 함께, 신입사원 조기 이직에 대한 원인을 분석한 결과 파랑새 증후군, 셀프홀릭 증후군, 피터팬 증후군 등 3가지로 분류할 수 있었음.

〈동종업계 유사기업들과의 연봉 비교〉

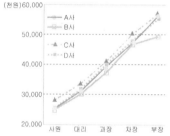

〈우리 회사 조직문화 중 개선되었으면 하는 것〉

〈신입사원 조기 이직의 원인〉

• 파랑새 증후군
 - 현재의 직장보다 더 좋은 직장이 있을 것이라는 막연한 기대감으로 끊임없이 새로운 직장을 탐색함.
 - 학력 수준과 맞지 않는 '하향지원', 전공과 적성을 고려하지 않고 일단 취업하고 보자는 '묻지마 지원'이 파랑새 증후군을 초래함.
• 셀프홀릭 증후군
 - 본인의 역량에 비해 가치가 낮은 일을 주로 하면서 갈등을 느낌.
• 피터팬 증후군
 - 기성세대의 문화를 무조건 수용하기보다는 자유로움과 변화를 추구함.
 - 상명하복, 엄격한 규율 등 기성세대가 당연시하는 관행에 거부감을 가지며 직장에 답답함을 느낌.

- 준비전략 : 발표면접의 시작은 과제 안내문과 과제 상황, 과제 자료 등을 정확하게 이해하는 것에서 출발한다. 과제 안내문을 침착하게 읽고 제시된 주제 및 문제와 관련된 상황의 맥락을 파악한 후 과제를 검토한다. 제시된 기사나 그래프 등을 충분히 활용하여 주어진 문제를 해결할 수 있는 해결책이나 대안을 제시하며, 발표를 할 때에는 명확하고 자신 있는 태도로 전달할 수 있도록 한다.

③ 토론면접
  ㉠ 면접 방식 및 판단기준
  - 면접 방식 : 상호갈등적 요소를 가진 과제 또는 공통의 과제를 해결하는 내용의 토론 과제를 제시하고, 그 과정에서 개인 간의 상호작용 행동을 관찰하는 방식으로 면접이 진행된다.
  - 판단기준 : 팀워크, 적극성, 갈등 조정, 의사소통능력, 문제해결능력 등
  ㉡ 특징 : 토론을 통해 도출해 낸 최종안의 타당성도 중요하지만, 결론을 도출해 내는 과정에서의 의사소통능력이나 갈등상황에서 의견을 조정하는 능력 등이 중요하게 평가되는 특징이 있다.
  ㉢ 예시 문항 및 준비전략
  - 예시 문항

    - 군 가산점제 부활에 대한 찬반토론
    - 담뱃값 인상에 대한 찬반토론
    - 비정규직 철폐에 대한 찬반토론
    - 대학의 영어 강의 확대 찬반토론
    - 워크숍 장소 선정을 위한 토론

  - 준비전략 : 토론면접은 무엇보다 팀워크와 적극성이 강조된다. 따라서 토론과정에 적극적으로 참여하며 자신의 의사를 분명하게 전달하며, 갈등상황에서 자신의 의견만 내세울 것이 아니라 다른 지원자의 의견을 경청하고 배려하는 모습도 중요하다. 갈등상황을 일목요연하게 정리하여 조정하는 등의 의사소통능력을 발휘하는 것도 좋은 전략이 될 수 있다.

④ 상황면접
  ㉠ 면접 방식 및 판단기준
  - 면접 방식 : 상황면접은 직무 수행 시 접할 수 있는 상황들을 제시하고, 그러한 상황에서 어떻게 행동할 것인지를 이야기하는 방식으로 진행된다.
  - 판단기준 : 해당 상황에 적절한 역량의 구현과 구체적 행동지표
  ㉡ 특징 : 실제 직무 수행 시 접할 수 있는 상황들을 제시하므로 입사 이후 지원자의 업무수행능력을 평가하는 데 적절한 면접 방식이다. 또한 지원자의 가치관, 태도, 사고방식 등의 요소를 통합적으로 평가하는 데 용이하다.

ⓒ 예시 문항 및 준비전략

• 예시 문항

> 당신은 생산관리팀의 팀원으로, 생산팀이 기한에 맞춰 효율적으로 제품을 생산할 수 있도록 관리하는 역할을 맡고 있습니다. 3개월 뒤에 제품A를 정상적으로 출시하기 위해 생산팀의 생산 계획을 수립한 상황입니다. 그러나 원가가 곧 실적으로 이어지는 구매팀에서는 최대한 원가를 줄여 전반적 단가를 낮추려고 원가절감을 위한 제안을 하였으나, 연구개발팀에서는 구매팀이 제안한 방식으로 제품을 생산할 경우 대부분이 구매팀의 실적으로 산정될 것이므로 제대로 확인도 해보지 않은 채 적합하지 않은 방식이라고 판단하고 있습니다. 당신은 어떻게 하겠습니까?

• 준비전략 : 상황면접은 먼저 주어진 상황에서 핵심이 되는 문제가 무엇인지를 파악하는 것에서 시작한다. 주질문과 세부질문을 통하여 질문의 의도를 파악하였다면, 그에 대한 구체적인 행동이나 생각 등에 대해 응답할수록 높은 점수를 얻을 수 있다.

⑤ 역할면접

㉠ 면접 방식 및 판단기준

• 면접 방식 : 역할면접 또는 역할연기 면접은 기업 내 발생 가능한 상황에서 부딪히게 되는 문제와 역할을 가상적으로 설정하여 특정 역할을 맡은 사람과 상호작용하고 문제를 해결해 나가도록 하는 방식으로 진행된다. 역할연기 면접에서는 면접관이 직접 역할연기를 하면서 지원자를 관찰하기도 하지만, 역할연기 수행만 전문적으로 하는 사람을 투입할 수도 있다.

• 판단기준 : 대처능력, 대인관계능력, 의사소통능력 등

㉡ 특징 : 역할면접은 실제 상황과 유사한 가상 상황에서의 행동을 관찰함으로서 지원자의 성격이나 대처 행동 등을 관찰할 수 있다.

㉢ 예시 문항 및 준비전략

• 예시 문항

> [금융권 역할면접의 예]
> 당신은 ○○은행의 신입 텔러이다. 사람이 많은 월말 오전 한 할아버지(면접관 또는 역할담당자)께서 ○○은행을 사칭한 보이스피싱으로 500만 원을 피해 보았다며 소란을 일으키고 있다. 실제 업무상황이라고 생각하고 상황에 대처해 보시오.

• 준비전략 : 역할연기 면접에서 측정하는 역량은 주로 갈등의 원인이 되는 문제를 해결 하고 제시된 해결방안을 상대방에게 설득하는 것이다. 따라서 갈등해결, 문제해결, 조정·통합, 설득력과 같은 역량이 중요시된다. 또한 갈등을 해결하기 위해서 상대방에 대한 이해도 필수적인 요소이므로 고객 지향을 염두에 두고 상황에 맞게 대처해야 한다.
역할면접에서는 변별력을 높이기 위해 면접관이 압박적인 분위기를 조성하는 경우가 많기 때문에 스트레스 상황에서 불안해지지 않고 유연하게 대처할 수 있도록 시간과 노력을 들여 충분히 연습하는 것이 좋다.

2 면접 이미지 메이킹

(1) 성공적인 이미지 메이킹 포인트

① 복장 및 스타일

ⓐ 남성

- 양복 : 양복은 단색으로 하며 넥타이나 셔츠로 포인트를 주는 것이 효과적이다. 짙은 회색이나 감청색이 가장 단정하고 품위 있는 인상을 준다.
- 셔츠 : 흰색이 가장 선호되나 자신의 피부색에 맞추는 것이 좋다. 푸른색이나 베이지색은 산뜻한 느낌을 줄 수 있다. 양복과의 배색도 고려하도록 한다.
- 넥타이 : 의상에 포인트를 줄 수 있는 아이템이지만 너무 화려한 것은 피한다. 지원자의 피부색은 물론, 정장과 셔츠의 색을 고려하며, 체격에 따라 넥타이 폭을 조절하는 것이 좋다.
- 구두&양말 : 구두는 검정색이나 짙은 갈색이 어느 양복에나 무난하게 어울리며 깔끔하게 닦아 준비한다. 양말은 정장과 동일한 색상이나 검정색을 착용한다.
- 헤어스타일 : 머리스타일은 단정한 느낌을 주는 짧은 헤어스타일이 좋으며 앞머리가 있다면 이마나 눈썹을 가리지 않는 선에서 정리하는 것이 좋다.

ⓑ 여성

- 의상 : 단정한 스커트 투피스 정장이나 슬랙스 슈트가 무난하다. 블랙이나 그레이, 네이비, 브라운 등 차분해 보이는 색상을 선택하는 것이 좋다.
- 소품 : 구두, 핸드백 등은 같은 계열로 코디하는 것이 좋으며 구두는 너무 화려한 디자인이나 굽이 높은 것을 피한다. 스타킹은 의상과 구두에 맞춰 단정한 것으로 선택한다.
- 액세서리 : 액세서리는 너무 크거나 화려한 것은 좋지 않으며 과하게 많이 하는 것도 좋은 인상을 주지 못한다. 착용하지 않거나 작고 깔끔한 디자인으로 포인트를 주는 정도가 적당하다.
- 메이크업 : 화장은 자연스럽고 밝은 이미지를 표현하는 것이 좋으며 진한 색조는 인상이 강해 보일 수 있으므로 피한다.
- 헤어스타일 : 커트나 단발처럼 짧은 머리는 활동적이면서도 단정한 이미지를 줄 수 있도록 정리한다. 긴 머리의 경우 하나로 묶거나 단정한 머리망으로 정리하는 것이 좋으며, 짙은 염색이나 화려한 웨이브는 피한다.

② 인사

　　㉠ **인사의 의미** : 인사는 예의범절의 기본이며 상대방의 마음을 여는 기본적인 행동이라고 할 수 있다. 인사는 처음 만나는 면접관에게 호감을 살 수 있는 가장 쉬운 방법이 될 수 있기도 하지만 제대로 예의를 지키지 않으면 지원자의 인성 전반에 대한 평가로 이어질 수 있으므로 각별히 주의해야 한다.

　　㉡ **인사의 핵심 포인트**

　　　• 인사말 : 인사말을 할 때에는 밝고 친근감 있는 목소리로 하며, 자신의 이름과 수험번호 등을 간략하게 소개한다.

　　　• 시선 : 인사는 상대방의 눈을 보며 하는 것이 중요하며 너무 빤히 쳐다본다는 느낌이 들지 않도록 주의한다.

　　　• 표정 : 인사는 마음에서 우러나오는 존경이나 반가움을 표현하고 예의를 차리는 것이므로 살짝 미소를 지으며 하는 것이 좋다.

　　　• 자세 : 인사를 할 때에는 가볍게 목만 숙인다거나 흐트러진 상태에서 인사를 하지 않도록 주의하며 절도 있고 확실하게 하는 것이 좋다.

③ 시선처리와 표정, 목소리

　　㉠ **시선처리와 표정** : 표정은 면접에서 지원자의 첫인상을 결정하는 중요한 요소이다. 얼굴표정은 사람의 감정을 가장 잘 표현할 수 있는 의사소통 도구로 표정 하나로 상대방에게 호감을 주거나, 비호감을 사기도 한다. 호감이 가는 인상의 특징은 부드러운 눈썹, 자연스러운 미간, 적당히 볼록한 광대, 올라간 입 꼬리 등으로 가볍게 미소를 지을 때의 표정과 일치한다. 따라서 면접 중에는 밝은 표정으로 미소를 지어 호감을 형성할 수 있도록 한다. 시선은 면접관과 고르게 맞추되 생기 있는 눈빛을 띄도록 하며, 너무 빤히 쳐다본다는 인상을 주지 않도록 한다.

　　㉡ **목소리** : 면접은 주로 면접관과 지원자의 대화로 이루어지므로 목소리가 미치는 영향이 상당하다. 답변을 할 때에는 부드러우면서도 활기차고 생동감 있는 목소리로 하는 것이 면접관에게 호감을 줄 수 있으며 적당한 제스처가 더해진다면 상승효과를 얻을 수 있다. 그러나 적절한 답변을 하였음에도 불구하고 콧소리나 날카로운 목소리, 자신감 없는 작은 목소리는 답변의 신뢰성을 떨어뜨릴 수 있으므로 주의하도록 한다.

④ 자세

　　㉠ 걷는 자세

　　　• 면접장에 입실할 때에는 상체를 곧게 유지하고 발끝은 평행이 되게 하며 무릎을 스치듯 11자로 걷는다.

　　　• 시선은 정면을 향하고 턱은 가볍게 당기며 어깨나 엉덩이가 흔들리지 않도록 주의한다.

　　　• 발바닥 전체가 닿는 느낌으로 안정감 있게 걸으며 발소리가 나지 않도록 주의한다.

　　　• 보폭은 어깨넓이만큼이 적당하지만, 스커트를 착용했을 경우 보폭을 줄인다.

　　　• 걸을 때도 미소를 유지한다.

ⓒ 서있는 자세
- 몸 전체를 곧게 펴고 가슴을 자연스럽게 내민 후 등과 어깨에 힘을 주지 않는다.
- 정면을 바라본 상태에서 턱을 약간 당기고 아랫배에 힘을 주어 당기며 바르게 선다.
- 양 무릎과 발뒤꿈치는 붙이고 발끝은 11자 또는 V형을 취한다.
- 남성의 경우 팔을 자연스럽게 내리고 양손을 가볍게 쥐어 바지 옆선에 붙이고, 여성의 경우 공수자세를 유지한다.

ⓒ 앉은 자세
- 남성

> - 의자 깊숙이 앉고 등받이와 등 사이에 주먹 1개 정도의 간격을 두며 기대듯 앉지 않도록 주의한다. (남녀 공통 사항)
> - 무릎 사이에 주먹 2개 정도의 간격을 유지하고 발끝은 11자를 취한다.
> - 시선은 정면을 바라보며 턱은 가볍게 당기고 미소를 짓는다. (남녀 공통 사항)
> - 양손은 가볍게 주먹을 쥐고 무릎 위에 올려놓는다.
> - 앉고 일어날 때에는 자세가 흐트러지지 않도록 주의한다. (남녀 공통 사항)

- 여성

> - 스커트를 입었을 경우 왼손으로 뒤쪽 스커트 자락을 누르고 오른손으로 앞쪽 자락을 누르며 의자에 앉는다.
> - 무릎은 붙이고 발끝을 가지런히 하며, 다리를 왼쪽으로 비스듬히 기울이면 여성스러워 보이는 효과가 있다.
> - 양손을 모아 무릎 위에 모아 놓으며 스커트를 입었을 경우 스커트 위를 가볍게 누르듯이 올려놓는다.

(2) 면접 예절

① 행동 관련 예절
　ⓒ 지각은 절대금물 : 시간을 지키는 것은 예절의 기본이다. 지각을 할 경우 면접에 응시할 수 없거나, 면접 기회가 주어지더라도 불이익을 받을 가능성이 높아진다. 따라서 면접장소가 결정되면 교통편과 소요시간을 확인하고 가능하다면 사전에 미리 방문해 보는 것도 좋다. 면접 당일에는 서둘러 출발하여 면접 시간 20~30분 전에 도착하여 회사를 둘러보고 환경에 익숙해지는 것도 성공적인 면접을 위한 요령이 될 수 있다.
　ⓒ 면접 대기 시간 : 지원자들은 대부분 면접장에서의 행동과 답변 등으로만 평가를 받는다고 생각하지만 그렇지 않다. 면접관이 아닌 면접진행자 역시 대부분 인사실무자이며 면접관이 면접 후 지원자에 대한 평가에 있어 확신을 위해 면접진행자의 의견을 구한다면 면접진행자의 의견이 당락에 영향을 줄 수 있다. 따라서 면접 대기 시간에도 행동과 말을 조심해야 하며, 면접을 마치고 돌아가는 순간까지도 긴장을 늦춰서는 안 된다. 면접 중 압박적인 질

문에 답변을 잘 했지만, 면접장을 나와 흐트러진 모습을 보이거나 욕설을 한다면 면접 탈락의 요인이 될 수 있으므로 주의해야 한다.

ⓒ 입실 후 태도 : 본인의 차례가 되어 호명되면 또렷하게 대답하고 들어간다. 만약 면접장 문이 닫혀 있다면 상대에게 소리가 들릴 수 있을 정도로 노크를 두세 번 한 후 대답을 듣고 나서 들어가야 한다. 문을 여닫을 때에는 소리가 나지 않게 조용히 하며 공손한 자세로 인사한 후 성명과 수험번호를 말하고 면접관의 지시에 따라 자리에 앉는다. 이 경우 착석하라는 말이 없는데 먼저 의자에 앉으면 무례한 사람으로 보일 수 있으므로 주의한다. 의자에 앉을 때에는 끝에 앉지 말고 무릎 위에 양손을 가지런히 얹는 것이 예절이라고 할 수 있다.

ⓔ 옷매무새를 자주 고치지 마라. : 일부 지원자의 경우 옷매무새 또는 헤어스타일을 자주 고치거나 확인하기도 하는데 이러한 모습은 과도하게 긴장한 것 같아 보이거나 면접에 집중하지 못하는 것으로 보일 수 있다. 남성 지원자의 경우 넥타이를 자꾸 고쳐 맨다거나 정장 상의 끝을 너무 자주 만지작거리지 않는다. 여성 지원자는 머리를 계속 쓸어 올리지 않고, 특히 짧은 치마를 입고서 신경이 쓰여 치마를 끌어 내리는 행동은 좋지 않다.

ⓜ 다리를 떨거나 산만한 시선은 면접 탈락의 지름길 : 자신도 모르게 다리를 떨거나 손가락을 만지는 등의 행동을 하는 지원자가 있는데, 이는 면접관의 주의를 끌 뿐만 아니라 불안하고 산만한 사람이라는 느낌을 주게 된다. 따라서 가능한 한 바른 자세로 앉아 있는 것이 좋다. 또한 면접관과 시선을 맞추지 못하고 여기저기 둘러보는 듯한 산만한 시선은 지원자가 거짓말을 하고 있다고 여겨지거나 신뢰할 수 없는 사람이라고 생각될 수 있다.

② 답변 관련 예절

ⓐ 면접관이나 다른 지원자와 가치 논쟁을 하지 않는다. : 질문을 받고 답변하는 과정에서 면접관 또는 다른 지원자의 의견과 다른 의견이 있을 수 있다. 특히 평소 지원자가 관심이 많은 문제이거나 잘 알고 있는 문제인 경우 자신과 다른 의견에 대해 이의가 있을 수 있다. 하지만 주의할 것은 면접에서 면접관이나 다른 지원자와 가치 논쟁을 할 필요는 없다는 것이며 오히려 불이익을 당할 수도 있다. 정답이 정해져 있지 않은 경우에는 가치관이나 성장 배경에 따라 문제를 받아들이는 태도에서 답변까지 충분히 차이가 있을 수 있으므로 굳이 면접관이나 다른 지원자의 가치관을 지적하고 고치려 드는 것은 좋지 않다.

ⓑ 답변은 항상 정직해야 한다. : 면접이라는 것이 아무리 지원자의 장점을 부각시키고 단점을 축소시키는 것이라고 해도 절대로 거짓말을 해서는 안 된다. 거짓말을 하게 되면 지원자는 불안하거나 꺼림칙한 마음이 들게 되어 면접에 집중을 하지 못하게 되고 수많은 지원자를 상대하는 면접관은 그것을 놓치지 않는다. 거짓말은 그 지원자에 대한 신뢰성을 떨어뜨리며 이로 인해 다른 스펙이 아무리 훌륭하다고 해도 채용에서 탈락하게 될 수 있음을 명심하도록 한다.

ⓒ **경력직을 경우 전 직장에 대해 험담하지 않는다.** : 지원사가 진 직장에서 무슨 업무를 담당했고 어떤 성과를 올렸는지는 면접관이 관심을 둘 사항일 수 있지만, 이전 직장의 기업문화나 상사들이 어땠는지는 그다지 궁금해 하는 사항이 아니다. 전 직장에 대해 험담을 늘어놓는다든가, 동료와 상사에 대한 악담을 하게 된다면 오히려 지원자에 대한 부정적인 이미지만 심어줄 수 있다. 만약 전 직장에 대한 말을 해야 할 경우가 생긴다면 가능한 한 객관적으로 이야기하는 것이 좋다.

ⓔ **자기 자신이나 배경에 대해 자랑하지 않는다.** : 자신의 성취나 부모 형제 등 집안사람들이 사회·경제적으로 어떠한 위치에 있는지에 대한 자랑은 면접관으로 하여금 지원자에 대해 오만한 사람이거나 배경에 의존하려는 나약한 사람이라는 이미지를 갖게 할 수 있다. 따라서 자기 자신이나 배경에 대해 자랑하지 않도록 하고, 자신이 한 일에 대해서 너무 자세하게 얘기하지 않도록 주의해야 한다.

3 면접 질문 및 답변 포인트

(1) 가족 및 대인관계에 관한 질문

① **당신의 가정은 어떤 가정입니까?**

면접관들은 지원자의 가정환경과 성장과정을 통해 지원자의 성향을 알고 싶어 이와 같은 질문을 한다. 비록 가정 일과 사회의 일이 완전히 일치하는 것은 아니지만 '가화만사성'이라는 말이 있듯이 가정이 화목해야 사회에서도 화목하게 지낼 수 있기 때문이다. 그러므로 답변 시에는 가족사항을 정확하게 설명하고 집안의 분위기와 특징에 대해 이야기하는 것이 좋다.

② **아버지의 직업은 무엇입니까?**

아주 기본적인 질문이지만 지원자는 아버지의 직업과 내가 무슨 관련성이 있을까 생각하기 쉬워 포괄적인 답변을 하는 경우가 많다. 그러나 이는 바람직하지 않은 것으로 단답형으로 답변하면 세부적인 직종 및 근무연한 등을 물을 수 있으므로 모든 걸 한 번에 대답하는 것이 좋다.

③ **친구 관계에 대해 말해 보십시오.**

지원자의 인간성을 판단하는 질문으로 교우관계를 통해 답변자의 성격과 대인관계능력을 파악할 수 있다. 새로운 환경에 적응을 잘하여 새로운 친구들이 많은 것도 좋지만, 깊고 오래 지속되어온 인간관계를 말하는 것이 더욱 바람직하다.

(2) 성격 및 가치관에 관한 질문

① 당신의 PR포인트를 말해 주십시오.

PR포인트를 말할 때에는 지나치게 겸손한 태도는 좋지 않으며 적극적으로 자기를 주장하는 것이 좋다. 앞으로 입사 후 하게 될 업무와 관련된 자기의 특성을 구체적인 일화를 더하여 이야기하도록 한다.

② 당신의 장 · 단점을 말해 보십시오.

지원자의 구체적인 장 · 단점을 알고자 하기 보다는 지원자가 자기 자신에 대해 얼마나 알고 있으며 어느 정도의 객관적인 분석을 하고 있나, 그리고 개선의 노력 등을 시도하는지를 파악하고자 하는 것이다. 따라서 장점을 말할 때는 업무와 관련된 장점을 뒷받침할 수 있는 근거와 함께 제시하며, 단점을 이야기할 때에는 극복을 위한 노력을 반드시 포함해야 한다.

③ 가장 존경하는 사람은 누구입니까?

존경하는 사람을 말하기 위해서는 우선 그 인물에 대해 알아야 한다. 잘 모르는 인물에 대해 존경한다고 말하는 것은 면접관에게 바로 지적당할 수 있으므로, 추상적이라도 좋으니 평소에 존경스럽다고 생각했던 사람에 대해 그 사람의 어떤 점이 좋고 존경스러운지 대답하도록 한다. 또한 자신에게 어떤 영향을 미쳤는지도 언급하면 좋다.

(3) 학교생활에 관한 질문

① 지금까지의 학교생활 중 가장 기억에 남는 일은 무엇입니까?

가급적 직장생활에 도움이 되는 경험을 이야기하는 것이 좋다. 또한 경험만을 간단하게 말하지 말고 그 경험을 통해서 얻을 수 있었던 교훈 등을 예시와 함께 이야기하는 것이 좋으나 너무 상투적인 답변이 되지 않도록 주의해야 한다.

② 성적은 좋은 편이었습니까?

면접관은 이미 서류심사를 통해 지원자의 성적을 알고 있다. 그럼에도 불구하고 이 질문을 하는 것은 지원자가 성적에 대해서 어떻게 인식하느냐를 알고자 하는 것이다. 성적이 나빴던 이유에 대해서 변명하려 하지 말고 담백하게 받아드리고 그것에 대한 개선노력을 했음을 밝히는 것이 적절하다.

③ 학창시절에 시위나 집회 등에 참여한 경험이 있습니까?

기업에서는 노사분규를 기업의 사활이 걸린 중대한 문제로 인식하고 거시적인 차원에서 접근한다. 이러한 기업문화를 제대로 인식하지 못하여 학창시절의 시위나 집회 참여 경험을 자랑스럽게 답변할 경우 감점요인이 되거나 심지어는 탈락할 수 있다는 사실에 주의한다. 시위나 집회에 참가한 경험을 말할 때에는 타당성과 정도에 유의하여 답변해야 한다.

(4) 지원동기 및 직업의식에 관한 질문

① 왜 우리 회사를 지원했습니까?

이 질문은 어느 회사나 가장 먼저 물어보고 싶은 것으로 지원자들은 기업의 이념, 대표의 경영 능력, 재무구조, 복리후생 등 외적인 부분을 설명하는 경우가 많다. 이러한 답변도 적절하지만 지원 회사의 주력 상품에 관한 소비자의 인지도, 경쟁사 제품과의 시장점유율을 비교하면서 입사동기를 설명한다면 상당히 주목 받을 수 있을 것이다.

② 만약 이번 채용에 불합격하면 어떻게 하겠습니까?

불합격할 것을 가정하고 회사에 응시하는 지원자는 거의 없을 것이다. 이는 지원자를 궁지로 몰아넣고 어떻게 대응하는지를 살펴보며 입사 의지를 알아보려고 하는 것이다. 이 질문은 너무 깊이 들어가지 말고 침착하게 답변하는 것이 좋다.

③ 당신이 생각하는 바람직한 사원상은 무엇입니끼?

직장인으로서 또는 조직의 일원으로서의 자세를 묻는 질문으로 지원하는 회사에서 어떤 인재 상을 요구하는 가를 알아두는 것이 좋으며, 평소에 자신의 생각을 미리 정리해 두어 당황하지 않도록 한다.

④ 직무상의 적성과 보수의 많음 중 어느 것을 택하겠습니까?

이런 질문에서 회사 측에서 원하는 답변은 당연히 직무상의 적성에 비중을 둔다는 것이다. 그러나 적성만을 너무 강조하다 보면 오히려 솔직하지 못하다는 인상을 줄 수 있으므로 어느 한 쪽을 너무 강조하거나 경시하는 태도는 바람직하지 못하다.

⑤ 상사와 의견이 다를 때 어떻게 하겠습니까?

과거와 다르게 최근에는 상사의 명령에 무조건 따르겠다는 수동적인 자세는 바람직하지 않다. 회사에서는 때에 따라 자신이 판단하고 행동할 수 있는 직원을 원하기 때문이다. 그러나 지나치게 자신의 의견만을 고집한다면 이는 팀원 간의 불화를 야기할 수 있으며 팀 체제에 악영향을 미칠 수 있으므로 선호하지 않는다는 것에 유념하여 답해야 한다.

⑥ 근무지가 지방인데 근무가 가능합니까?

근무지가 지방 중에서도 특정 지역은 되고 다른 지역은 안 된다는 답변은 바람직하지 않다. 직장에서는 순환 근무라는 것이 있으므로 처음에 지방에서 근무를 시작했다고 해서 계속 지방에만 있는 것은 아님을 유의하고 답변하도록 한다.

(5) 여가 활용에 관한 질문

① 취미가 무엇입니까?

기초적인 질문이지만 특별한 취미가 없는 지원자의 경우 대답이 애매할 수밖에 없다. 그래서 가장 많이 대답하게 되는 것이 독서, 영화감상, 혹은 음악감상 등과 같은 흔한 취미를 말하게 되는데 이런 취미는 면접관의 주의를 끌기 어려우며 설사 정말 위와 같은 취미를 가지고 있다하더라도 제대로 답변하기는 힘든 것이 사실이다. 가능하면 독특한 취미를 말하는 것이 좋으며 이제 막 시작한 것이라도 열의를 가지고 있음을 설명할 수 있으면 그것을 취미로 답변하는 것도 좋다.

② 술자리를 좋아합니까?

이 질문은 정말로 술자리를 좋아하는 정도를 묻는 것이 아니다. 우리나라에서는 대부분 술자리가 친교의 자리로 인식되기 때문에 그것에 얼마나 적극적으로 참여할 수 있는 가를 우회적으로 묻는 것이다. 술자리를 싫어한다고 대답하게 되면 원만한 대인관계에 문제가 있을 수 있다고 평가될 수 있으므로 술을 잘 마시지 못하더라도 술자리의 분위기는 즐긴다고 답변하는 것이 좋으며 주량에 대해서는 정확하게 말하는 것이 좋다.

(6) 여성 지원자들을 겨냥한 질문

① 결혼은 언제 할 생각입니까?

지원자가 결혼예정자일 경우 기업은 채용을 꺼리게 되는 경향이 있다. 업무를 어느 정도 인식하고 수행할 정도가 되면 퇴사하는 일이 흔하기 때문이다. 가능하면 향후 몇 년간은 결혼 계획이 없다고 답변하는 것이 현실적인 대처 요령이며, 덧붙여 결혼 후에도 일하고자 하는 의지를 강하게 내보인다면 더욱 도움이 된다.

② 만약 결혼 후 남편이나 시댁에서 직장생활을 그만두라고 강요한다면 어떻게 하겠습니까?

결혼적령기의 여성 지원자들에게 빈번하게 묻는 질문으로 의견 대립이 생겼을 때 상대방을 설득하고 타협하는 능력을 알아보고자 하는 것이다. 따라서 남편이나 시댁과 충분한 대화를 통해 설득하고 계속 근무하겠다는 의지를 밝히는 것이 좋다.

③ 여성의 취업을 어떻게 생각합니까?

여성 지원자들의 일에 대한 열의와 포부를 알고자 하는 질문이다. 많은 기업들이 여성들의 섬세하고 꼼꼼한 업무능력과 감각을 높이 평가하고 있으며, 사회 전반적인 분위기 역시 맞벌이를 이해하고 있으므로 자신의 의지를 당당하고 자신감 있게 밝히는 것이 좋다.

④ 커피나 복사 같은 잔심부름이 주어진다면 어떻게 하겠습니까?

여성 지원자들에게 가장 난감하고 자존심상하는 질문일 수 있다. 이 질문은 여성 지원자에게 잔심부름을 시키겠다는 요구가 아니라 직장생활 중에서의 협동심이나 봉사정신, 직업관을 알아보고자 하는 것이다. 또한 이 과정에서 압박기법을 사용해 비꼬는 투로 말하는 수 있는데 이는 자존심이 상하거나 불쾌해질 때의 행동을 알아보려는 것이다. 이럴 경우 흥분하여 과격하게 답변하면 탈락하게 되며, 무조건 열심히 하겠다는 대답도 신뢰성이 없는 답변이다. 직장생활을 위해 필요한 일이면 할 수 있다는 정도의 긍정적인 답변을 하되, 한 사람의 사원으로서 당당함을 유지하는 것이 좋다.

(7) 지원자를 당황하게 하는 질문

① 성적이 좋지 않은데 이 정도의 성적으로 우리 회사에 입사할 수 있다고 생각합니까?

비록 자신의 성적이 좋지 않더라도 이미 서류심사에 통과하여 면접에 참여하였다면 기업에서는 지원자의 성적보다 성적 이외의 요소, 즉 성격·열정 등을 높이 평가했다는 것이라고 할 수 있다. 그러나 이런 질문을 받게 되면 지원자는 당황할 수 있으나 주눅 들지 말고 침착하게 대처하는 면모를 보인다면 더 좋은 인상을 남길 수 있다.

② 우리 회사 회장님 함자를 알고 있습니까?

회장이나 사장의 이름을 조사하는 것은 면접일을 통고받았을 때 이미 사전 조사되었어야 하는 사항이다. 단답형으로 이름만 말하기보다는 그 기업에 입사를 희망하는 지원자의 입장에서 답변하는 것이 좋다.

③ 당신은 이 회사에 적합하지 않은 것 같군요.

이 질문은 지원자의 입장에서 상당히 곤혹스러울 수밖에 없다. 질문을 듣는 순간 그렇다면 면접은 왜 참가시킨 것인가 하는 생각이 들 수도 있다. 하지만 당황하거나 흥분하지 말고 침착하게 자신의 어떤 면이 회사에 적당하지 않는지 겸손하게 물어보고 지적당한 부분에 대해서 고치겠다는 의지를 보인다면 오히려 자신의 능력을 어필할 수 있는 기회로 사용할 수도 있다.

④ 다시 공부할 계획이 있습니까?

이 질문은 지원자가 합격하여 직장을 다니다가 공부를 더 하기 위해 회사를 그만 두거나 학습에 더 관심을 두어 일에 대한 능률이 저하될 것을 우려하여 묻는 것이다. 이때에는 당연히 학습보다는 일을 강조해야 하며, 업무 수행에 필요한 학습이라면 업무에 지장이 없는 범위에서 야간학교를 다니거나 회사에서 제공하는 연수 프로그램 등을 활용하겠다고 답변하는 것이 적당하다.

⑤ 지원한 분야가 전공한 분야와 다른데 여기 일을 할 수 있겠습니까?

수험생의 입장에서 본다면 지원한 분야와 전공이 다르지만 서류전형과 필기전형에 합격하여 면접을 보게 된 경우라고 할 수 있다. 이는 결국 해당 회사의 채용 방침상 전공에 크게 영향을 받지 않는다는 것이므로 무엇보다 자신이 전공하지는 않았지만 어떤 업무도 적극적으로 임할 수 있다는 자신감과 능동적인 자세를 보여주도록 노력하는 것이 좋다.

02 면접기출

CHAPTER

1 지원동기

• 회사 입사를 선택할 때 가장 중요하게 생각하는 것은 무엇인가?

• 아모레퍼시픽에 언제부터 관심을 가졌는가?

• 다른 기업도 많은데 왜 아모레퍼시픽에 들어오고 싶은가?

• 아모레퍼시픽에 들어오기 위해 어떤 노력을 했는가?

• 전공과 지원분야가 어울리지 않는데 왜 이곳에 지원했는가?

2 회사의 가치

• 아시아인의 美의 기준과 이에 대해 어떻게 생각하는가?

• 아모레퍼시픽의 5대가치 중 가장 중요하게 생각하는 덕목은 무엇인가?

3 브랜드, 제품

• 아모레퍼시픽의 제품 및 브랜드 15가지를 대보시오.

• (자사의 식이섬유 제품을 물병에 타면서) 이 제품이 뭔지 아는가?

• 광고 컨셉에 변화를 주고 싶은 브랜드가 있다면 무엇인가?

• 우리 회사 브랜드 중 보완해야 할 브랜드와 이를 극복하기 위한 마케팅 방안에 대해 말해보시오.

• 특정 브랜드 언급 후, 해당 브랜드가 현재 추진 중인 마케팅 전략을 보완할 방법이 있다면 말해 보시오.

• 아모레퍼시픽 화장품 중에 현재 사용하고 있는 것이 있는가? 있다면 사용하면서 느낀 제품의 장·단점을 말하고 내가 마케터라면 단점을 어떻게 보완해서 마케팅 할 것인지 말하시오.

• 자신의 전공과 관련하여 기업광고에 어떻게 기여할 것인가?

4 **직무관련 역량**

- 지원자가 화장품 마케터로 적합한 이유를 말해보시오.

- 본인이 뷰티제품 마케팅 직무를 잘 수행할 수 있다고 생각하는가? 그 이유는 무엇인가?

- 본인이 지원한 직무와 관련된 책을 읽었는가? 그 내용에 대해 간략하게 말해보라.

- 화장품 영업 관리에서 가장 중요하게 생각하는 덕목은 무엇인가?

- 상부로부터 영업할당량이 200만 원정도 주어졌을 때, 자신의 한계가 100만 원이라면 어떻게 하겠는가?

- 영업소의 직원이 매출기록과 수금한 현금과의 차이로 인해 개인적으로 돈을 빌려달라고 하면 어떻게 할 것인가?

- 취하지 않고 기분 좋게 마실 수 있는 주량은 어떻게 되는가?

- 우리 회사가 해외 진출 시 본인이 어떤 기여를 할 수 있는가?

5 **자기어필/꼭 뽑아야 하는 이유**

- 아모레퍼시픽에서 당신을 채용해야 하는 이유에 대해말해보라.

- 당신이 왜 아모레퍼시픽이 필요로 하는 인재인지 설명하라.

6 **기타 화장품 업계 이슈, 트렌드**

- 화장품 업계의 가장 커다란 이슈에 대해 말해보라.

- 내년 화장품 업계 트렌드에 대한 본인의 생각을 말해보라.

- 국내 화장품이 외국 브랜드처럼 고가 전략을 내세울 수 있는 글로벌 브랜드로 성장하지 못하는 이유는 무엇이라고 생각하는가?

- 최근 외국인 관광객의 한국 방문이 많고 그만큼 수요도 늘고 있는데 이를 매출로 연결시킬 획기적인 방법이 있는가?

7 **입사 후 포부/비전**

• 지원 부서에 입사하게 된다면 어떠한 일을 하고 싶은지 말해보라.

• 10년 후 아모레퍼시픽에서 자신의 모습을 말해보라.

• 아모레퍼시픽 입사 후 바로 하고 싶은 일이 있다면 말해보시오.

• 자신이 아모레퍼시픽에 기여할 수 있는 점을 중점적으로 포부를 말해보시오.

• 기업 이미지 상승을 위한 계획과 포부를 말해보시오.

공무원시험/자격시험/독학사/검정고시/취업대비 동영상강좌 전문 사이트

공무원	9급 공무원	서울시 기능직 일반직 전환	각 시·도 기능직 일반직 전환	교육청 기능직 일반직 전환
	관리운영직 일반직 전환	사회복지직 공무원	우정사업본부 계리직	서울시 기술계고 경력경쟁
기술직 공무원	물리	화학	생물	
	기술계 고졸자 물리/화학/생물			
경찰·소방공무원	소방특채 생활영어	소방학개론		
군 장교, 부사관	육군부사관	공군부사관	해군부사관	부사관 국사(근현대사)
	공군 학사사관후보생	공군 조종장학생	공군 예비장교후보생	공군 국사 및 핵심가치
NCS, 공기업, 기업체	공기업 NCS	공기업 고졸 NCS	코레일(한국철도공사)	한국수력원자력
	국민건강보험공단	국민연금공단	LH한국토지주택공사	한국전력공사
자격증	임상심리사 2급	건강운동관리사	사회조사분석사	한국사능력검정시험
	국어능력인증시험	청소년상담사 3급	관광통역안내사	국내여행안내사
	텔레마케팅관리사	사회복지사 1급	경비지도사	경호관리사
	신변보호사	전산회계	전산세무	
무료강의	국민건강보험공단	사회조사분석사 기출문제	독학사 1단계	대입수시적성검사
	사회복지직 기출문제	농협 인적성검사	지역농협 6급	기업체 취업 적성검사
	한국사능력검정시험 백발백중 실전 연습문제		한국사능력검정시험 실전 모의고사